MANOS OCUPADASN

LIBROS DE ACTIVIDADES PARA NIÑOS | VOL -1 | COMO DIBUJAR

ActivityCrusades

Publicado por Speedy Publishing Canada Limited

ActivityCrusades
activity books

COMO DIBUJAR

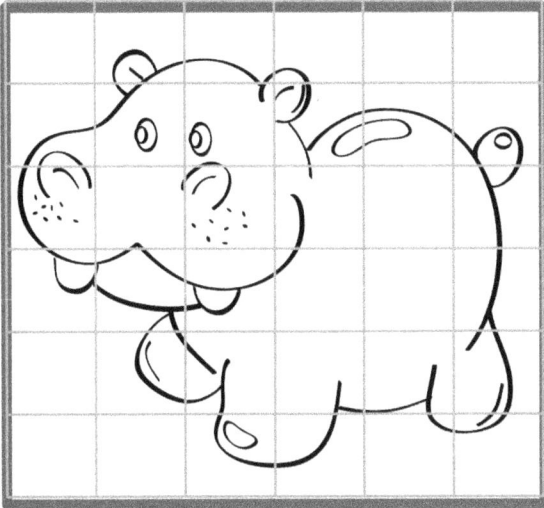

PUEDES COPIAR ESTO?

Dibuja la imagen con las líneas como tu guía y luego colorea!

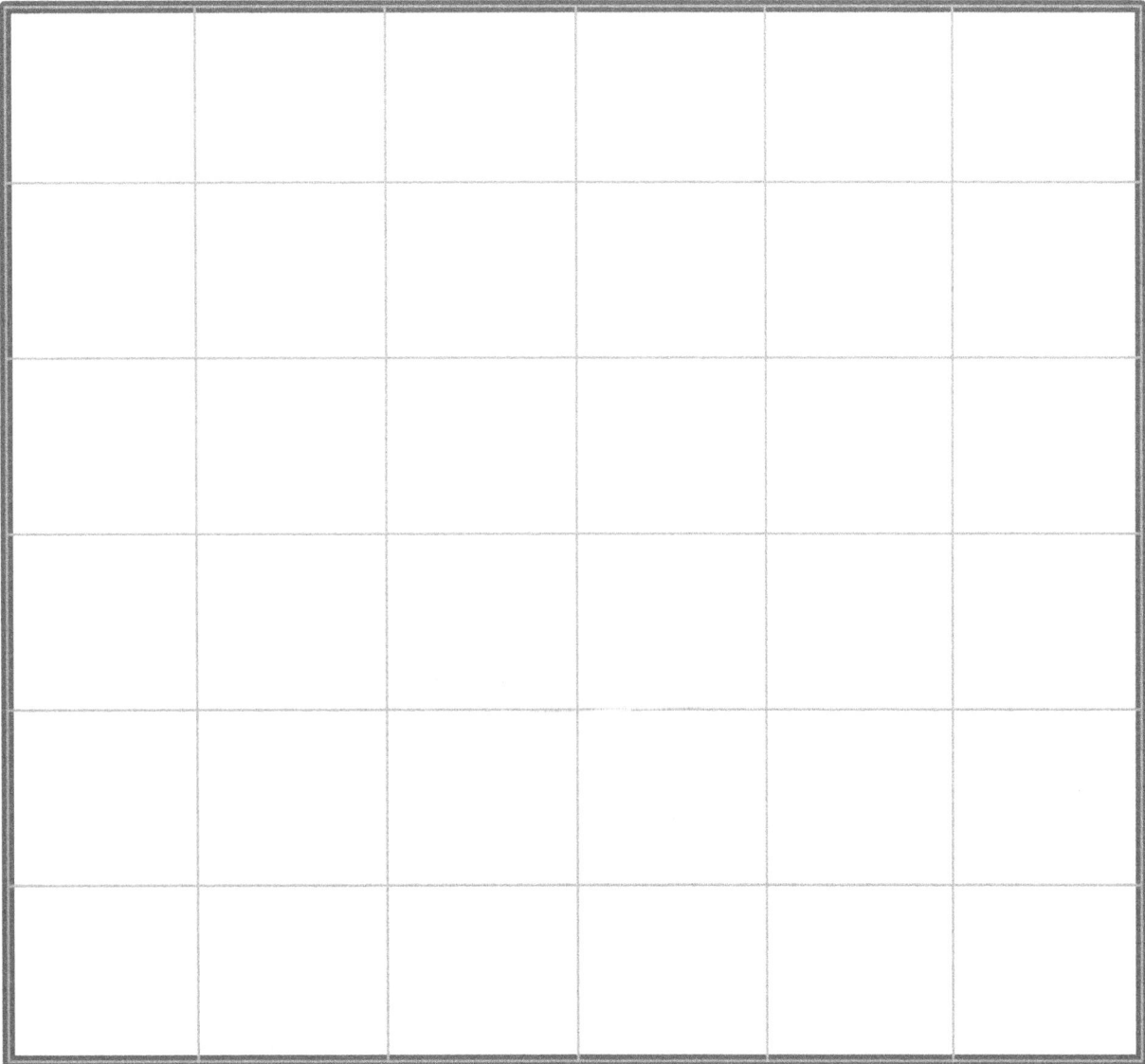

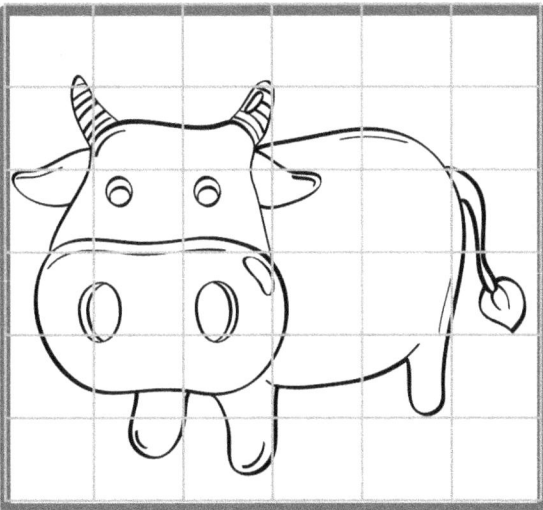

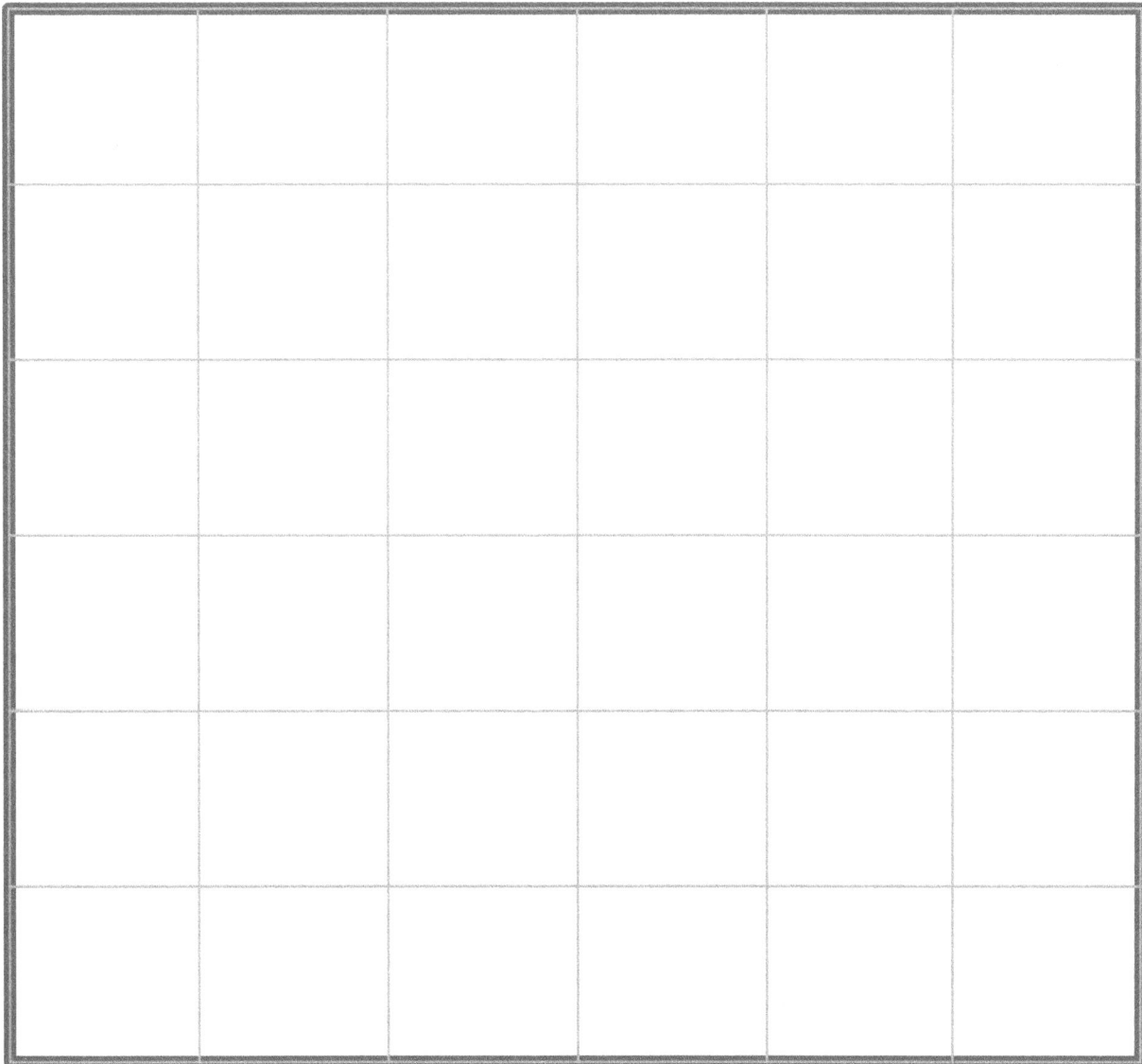

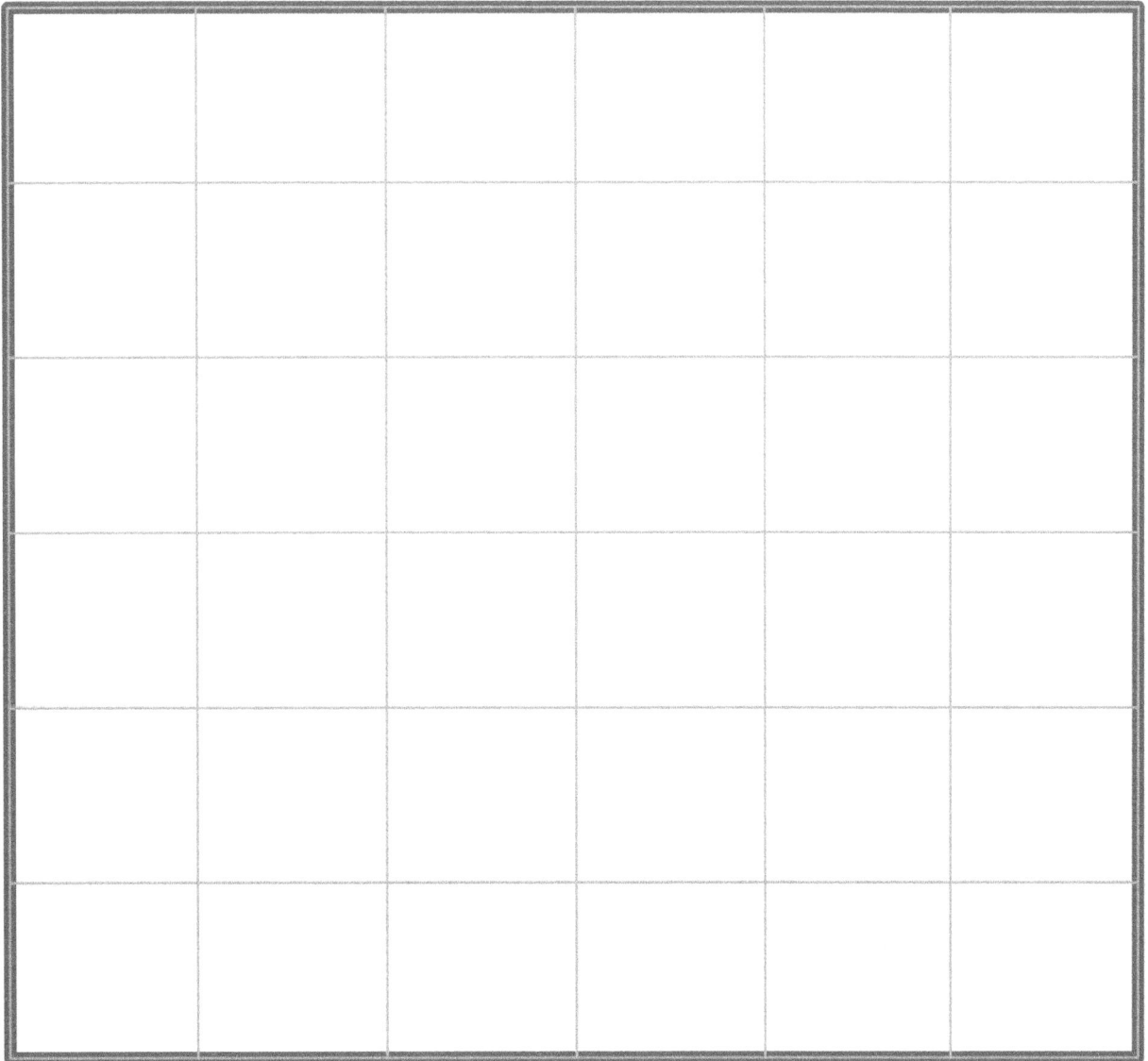

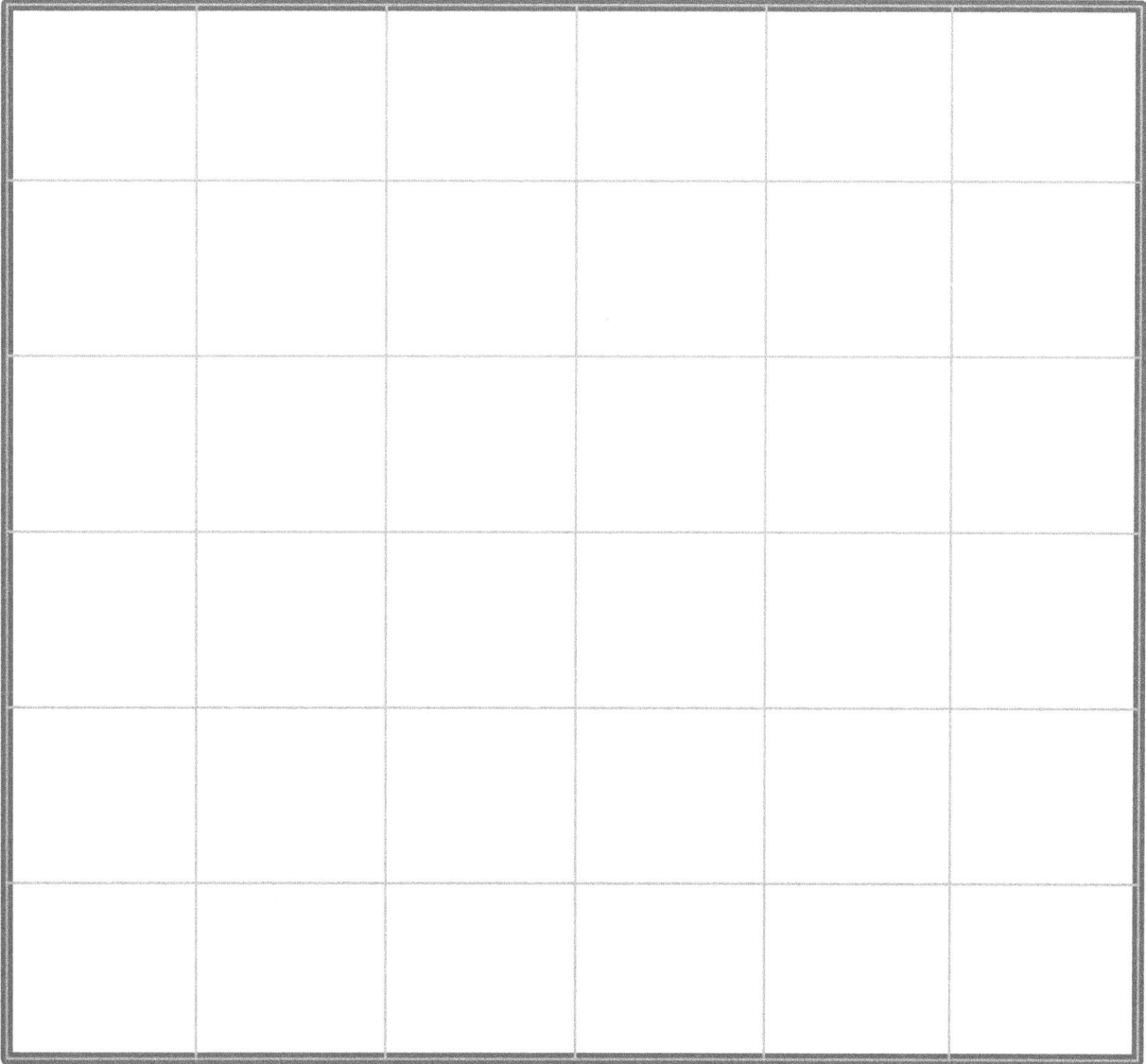

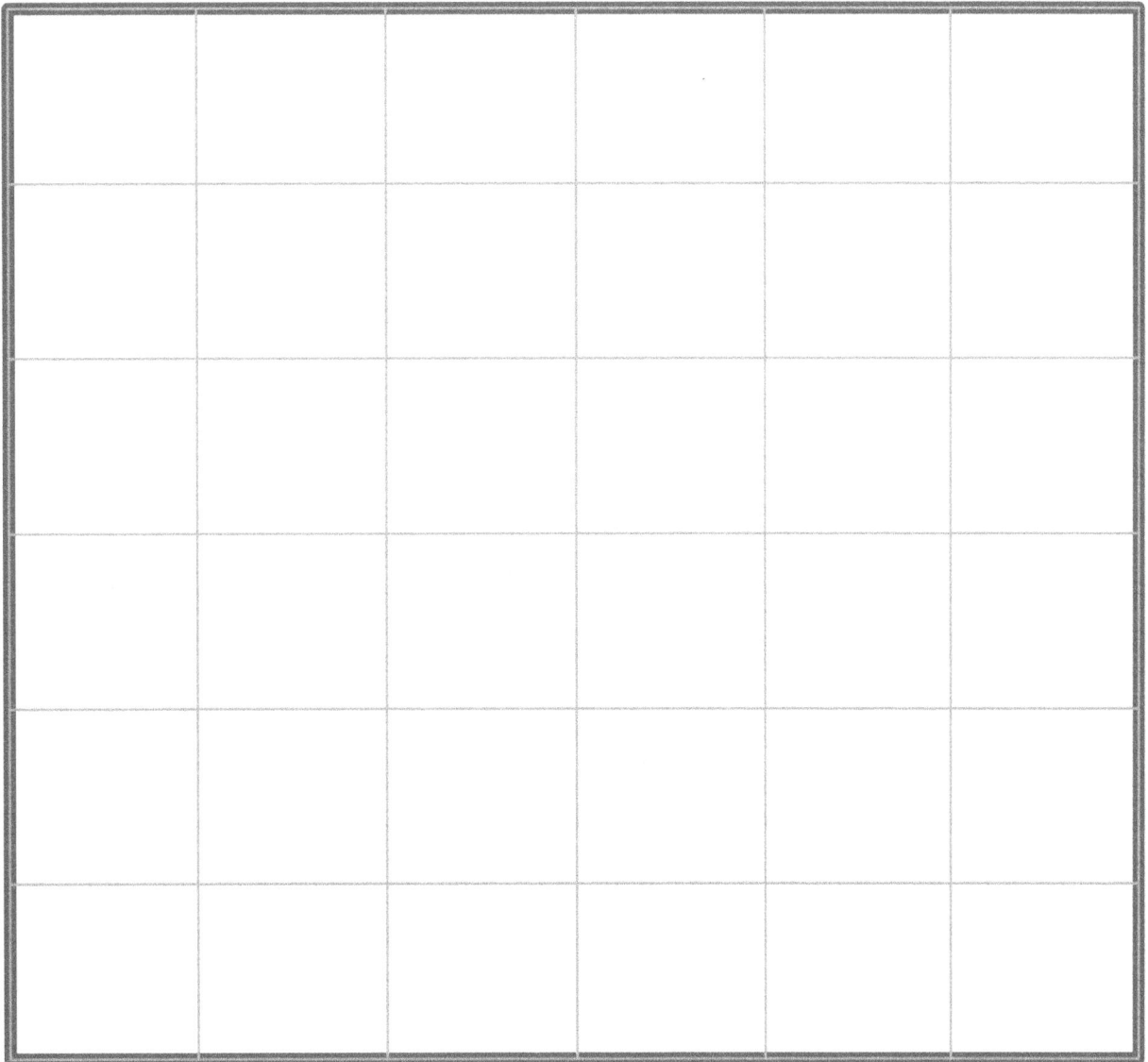

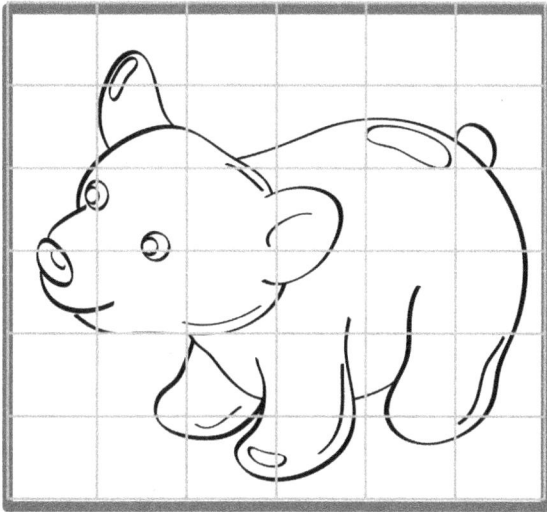

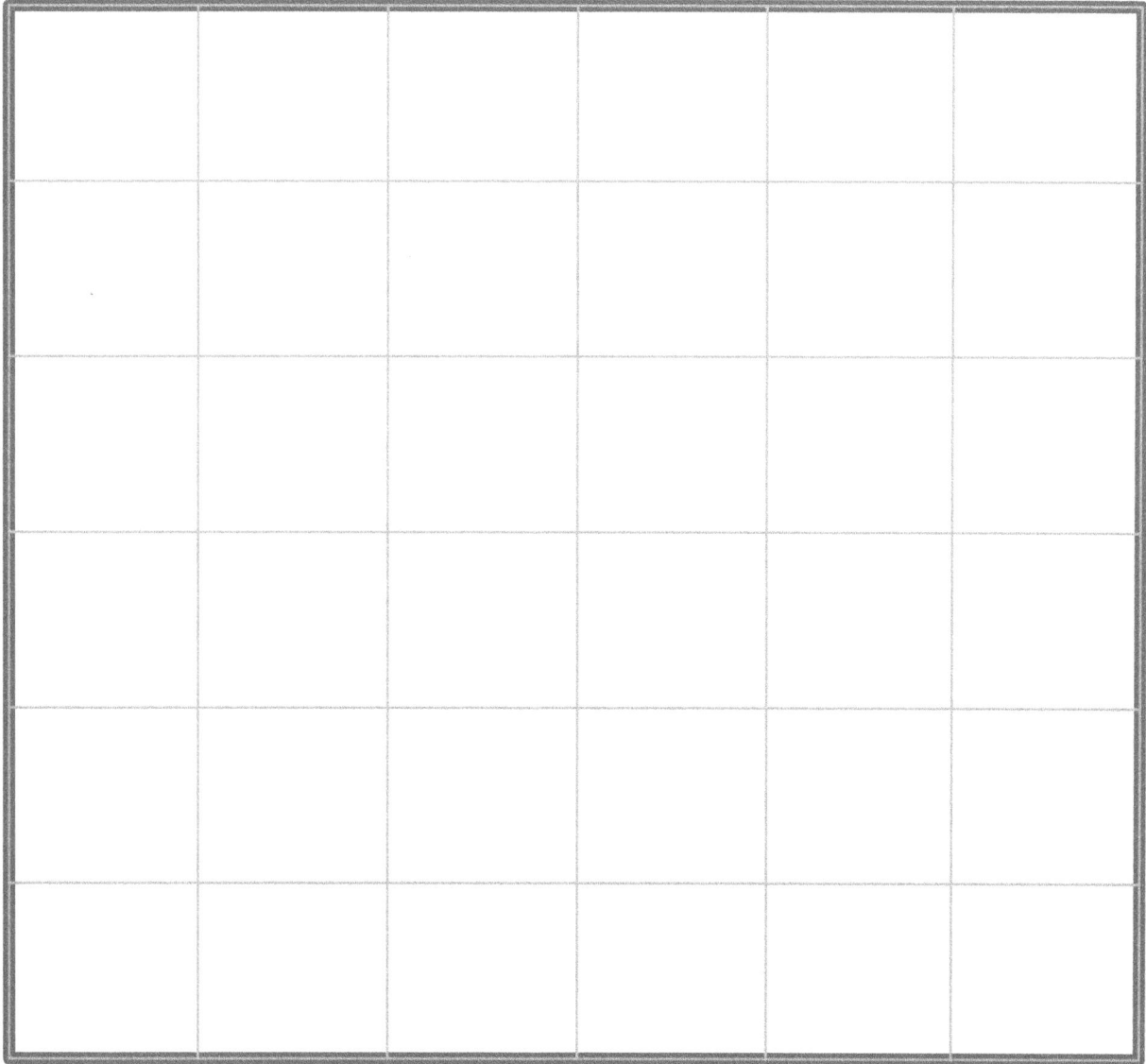

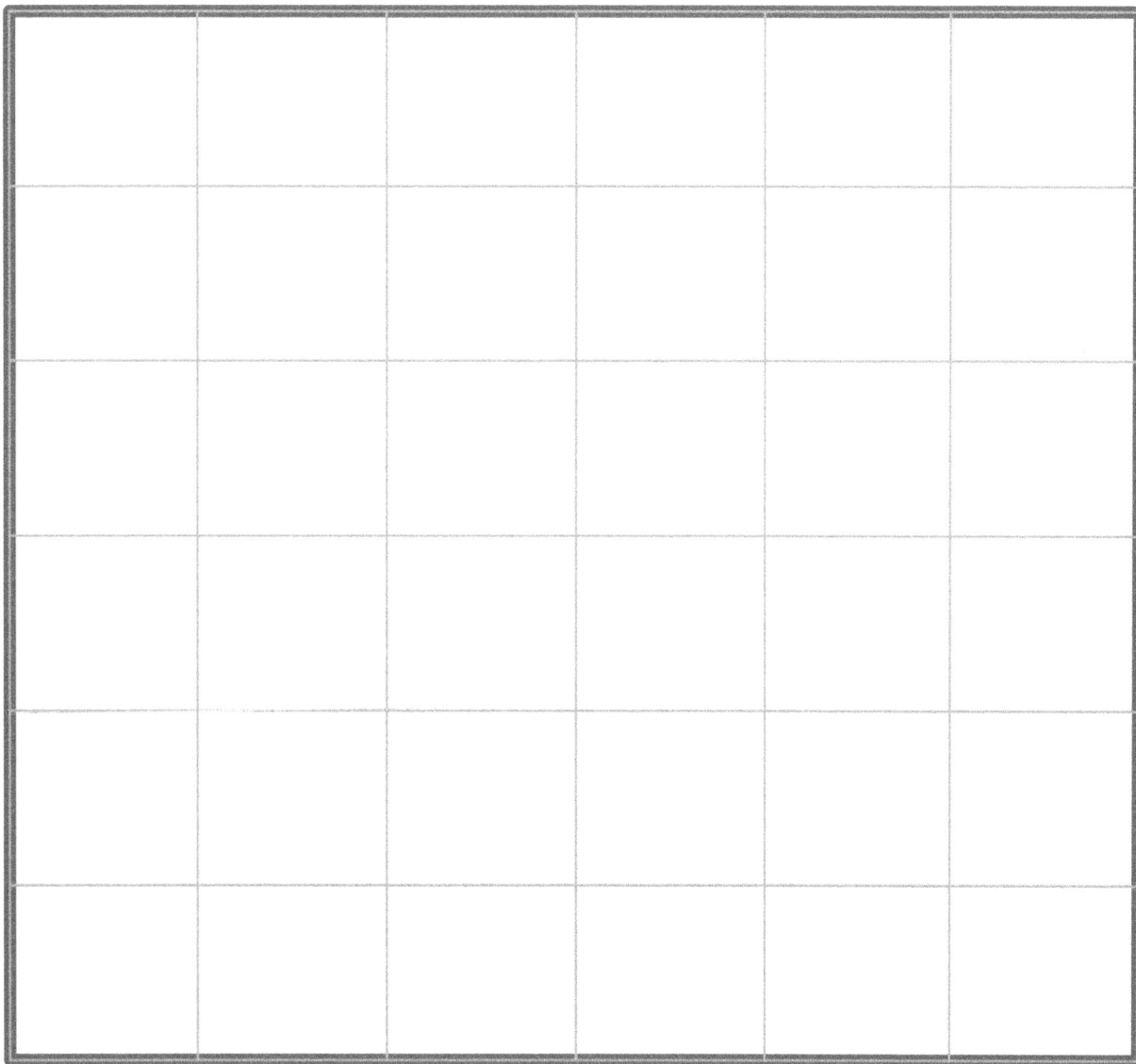

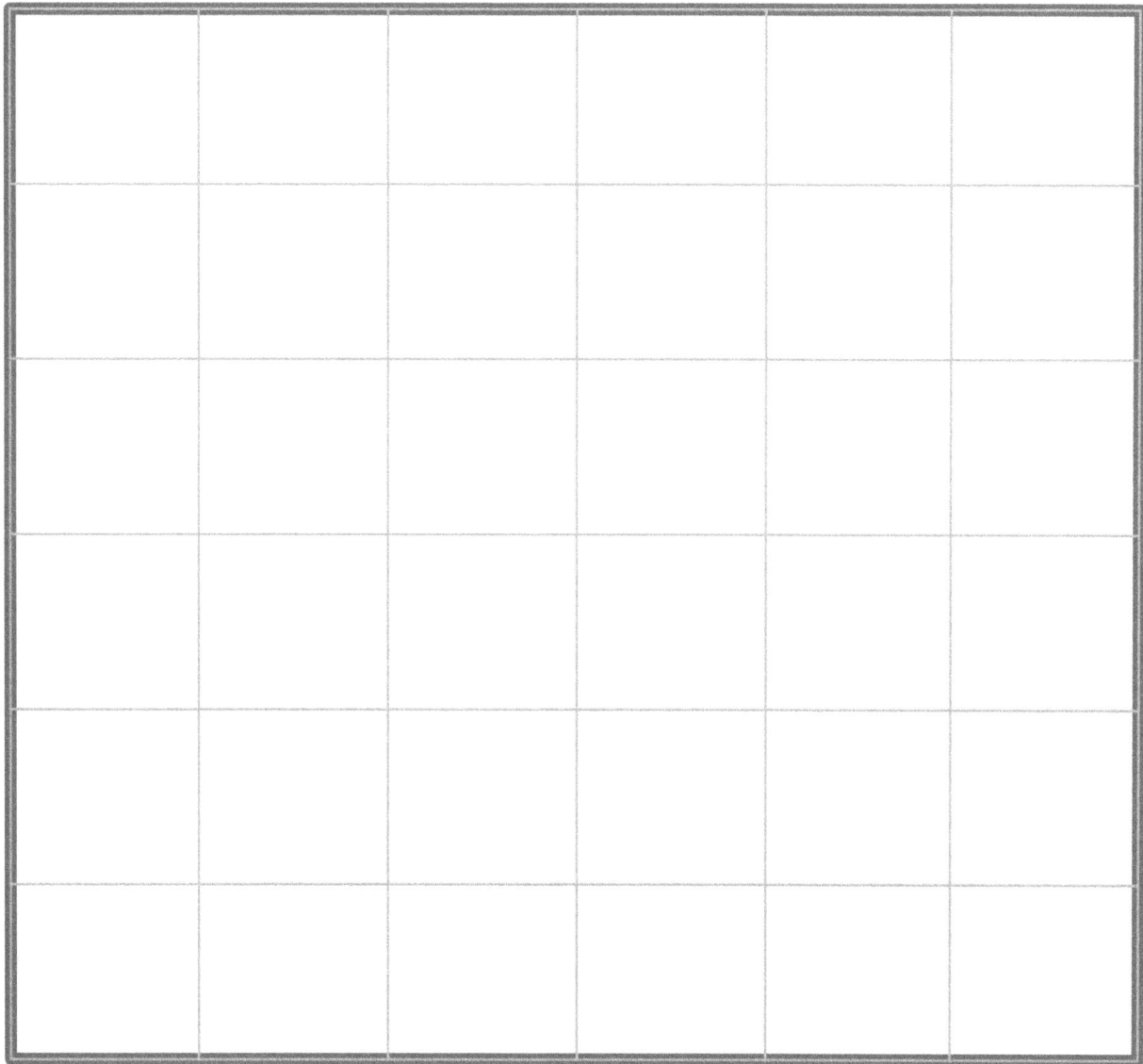

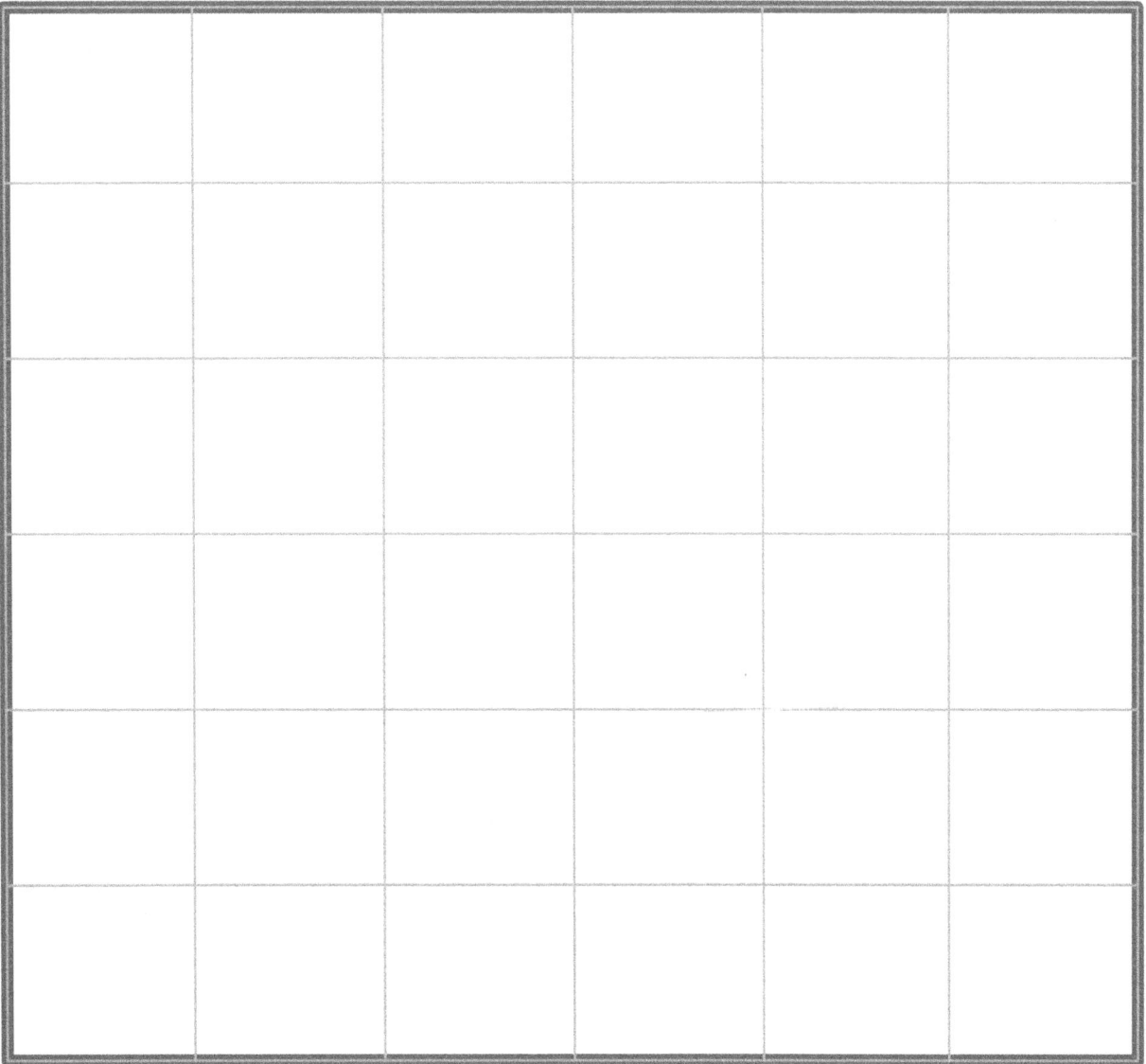

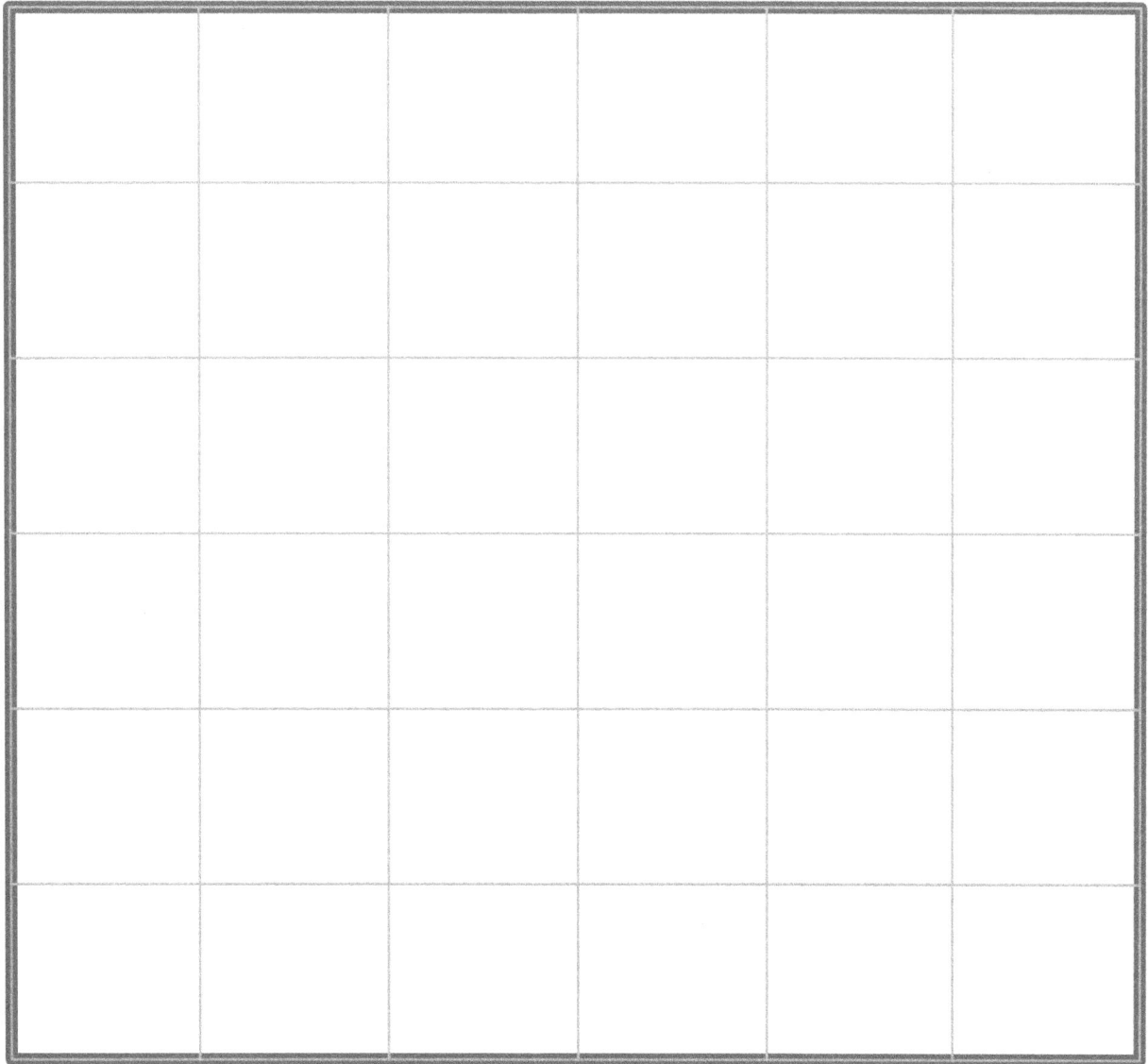

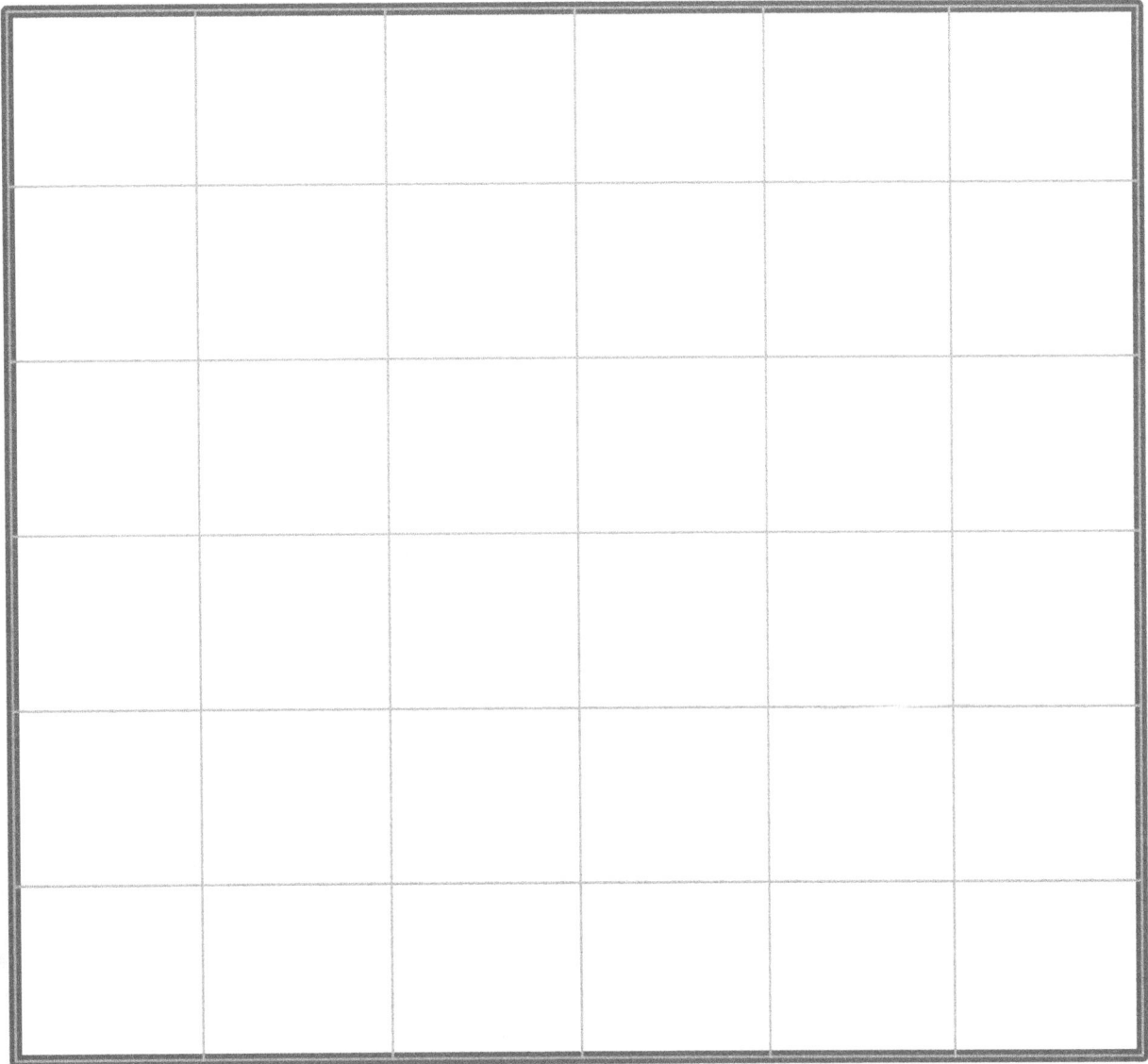

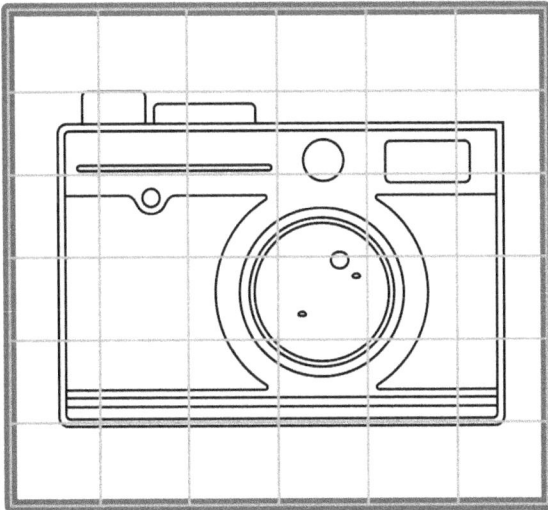

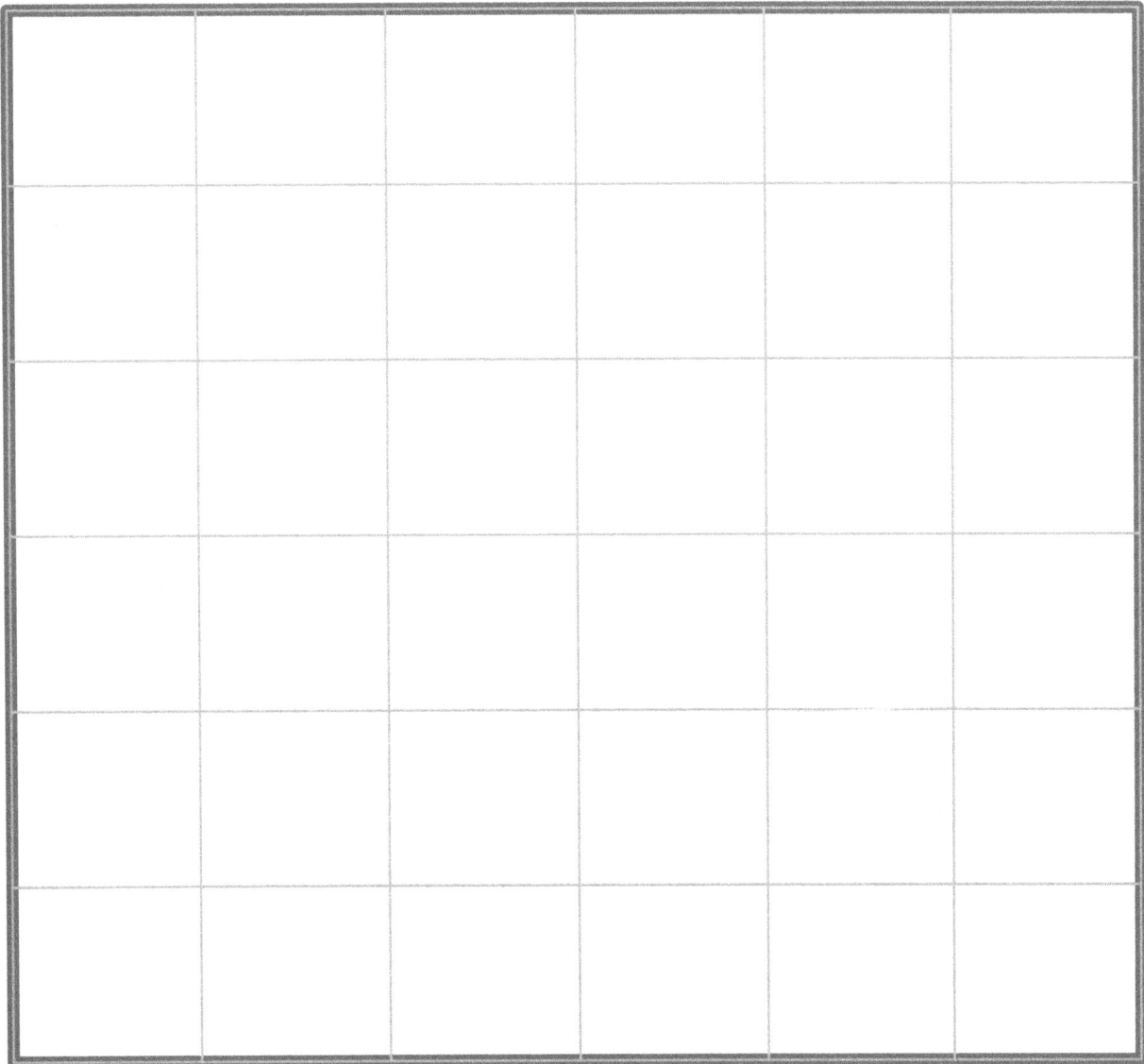

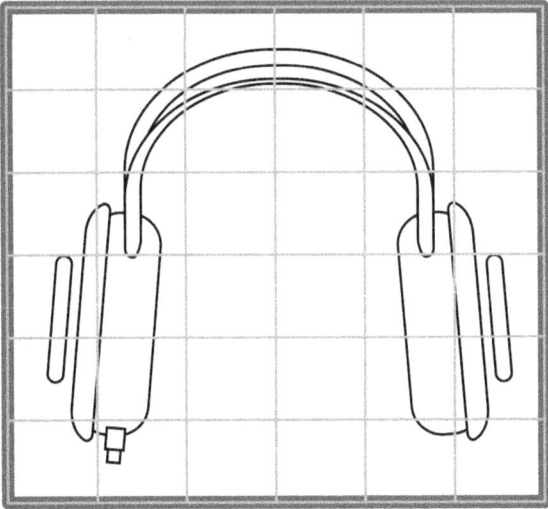

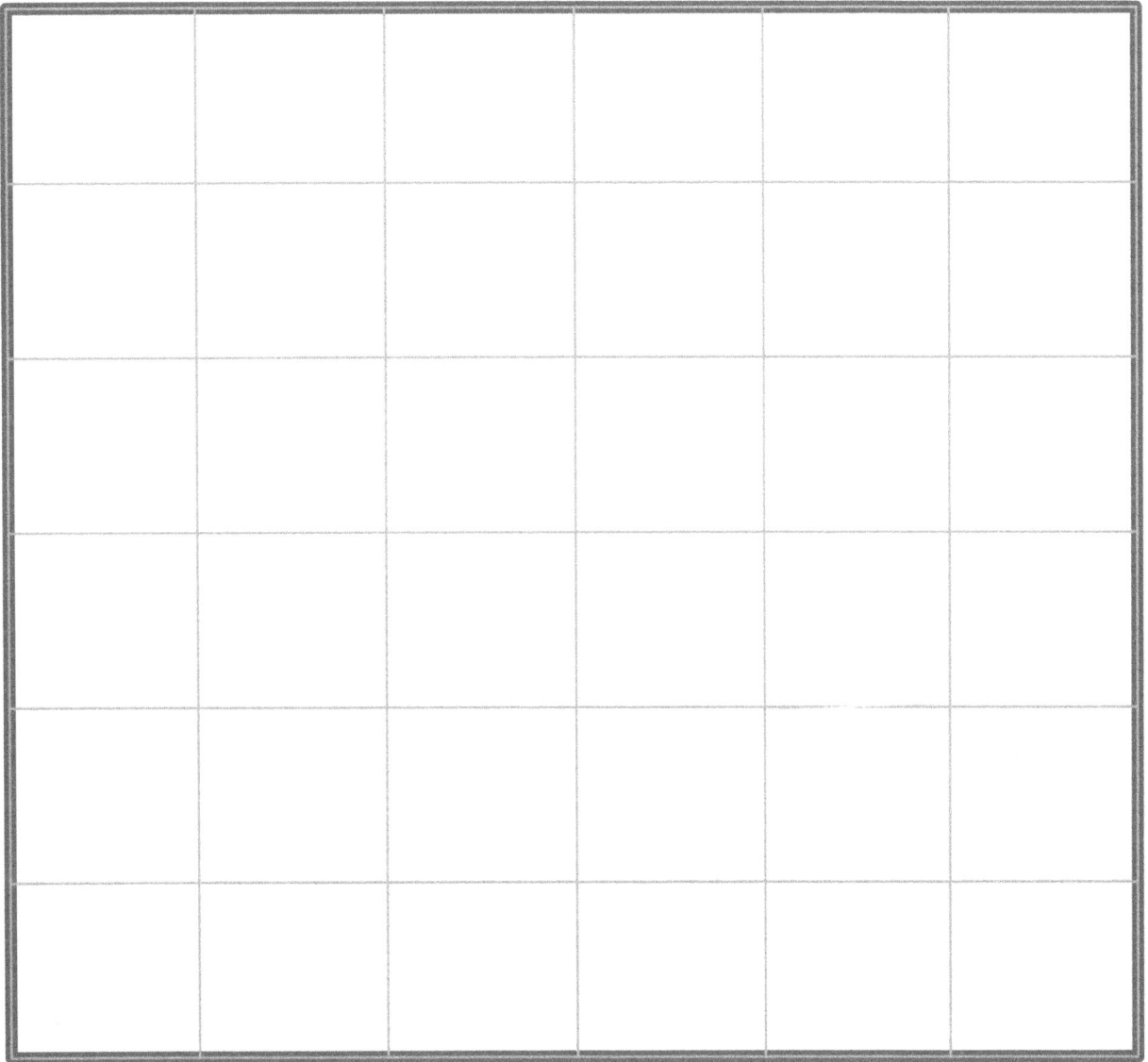

Se trata de un sangrado a través de la página si está usando un colorante marcador o pluma!

Encontrar otros títulos grandes por busca de <u>Cruzadas de actividad</u> en tu favorito libro minorista

Amazon.Ca I Barnes & Noble (BN. Com) | Libros 1 Millón (BAM. Com)

ActivityCrusades
activity books

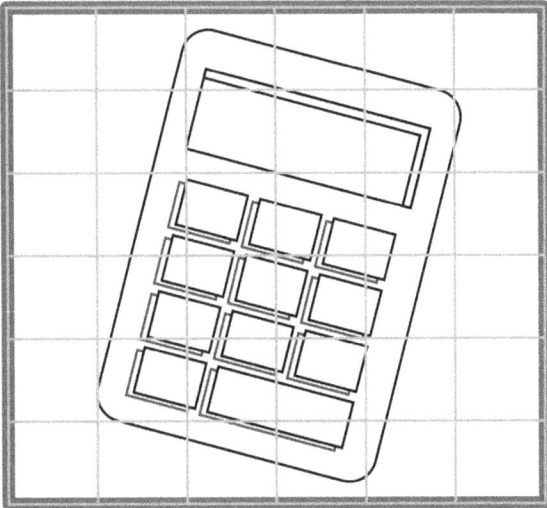

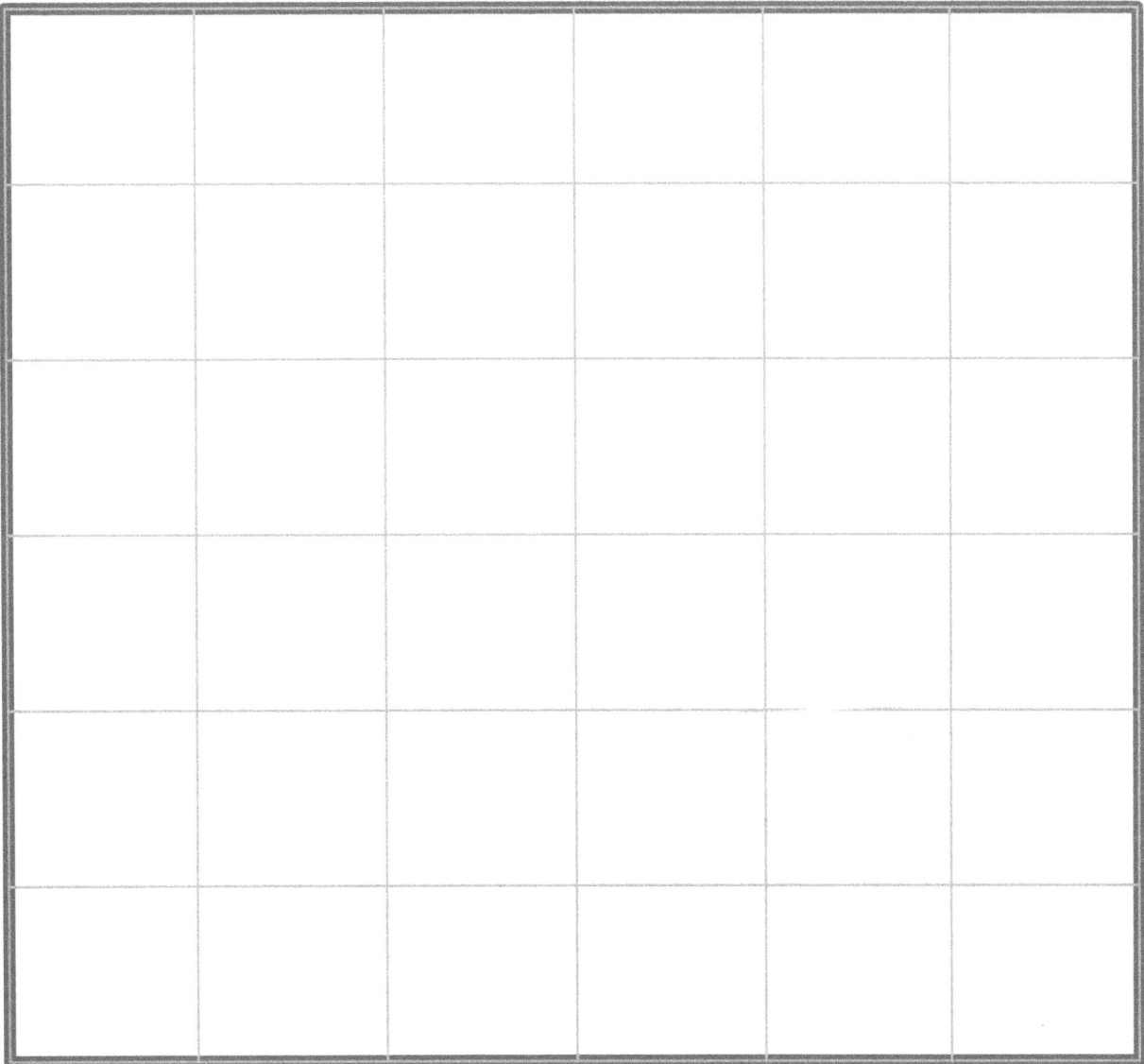

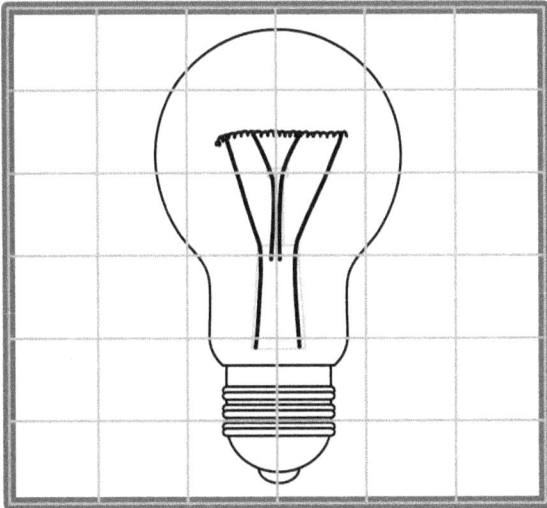

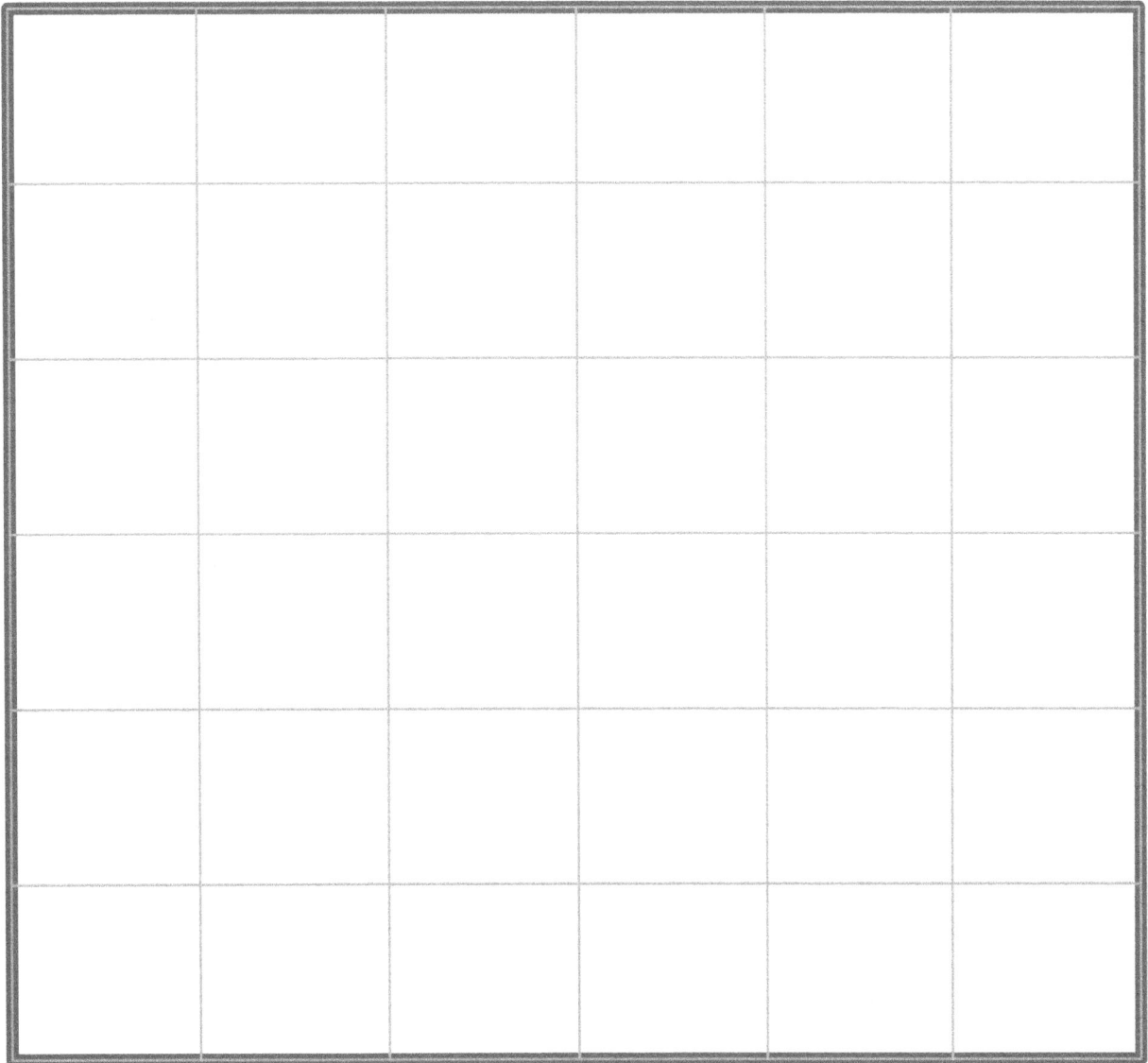

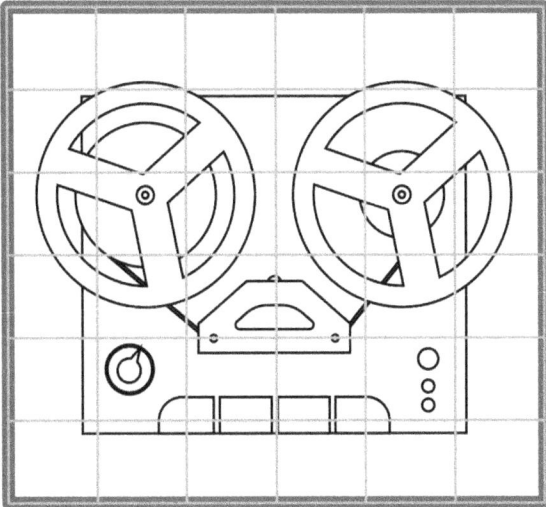

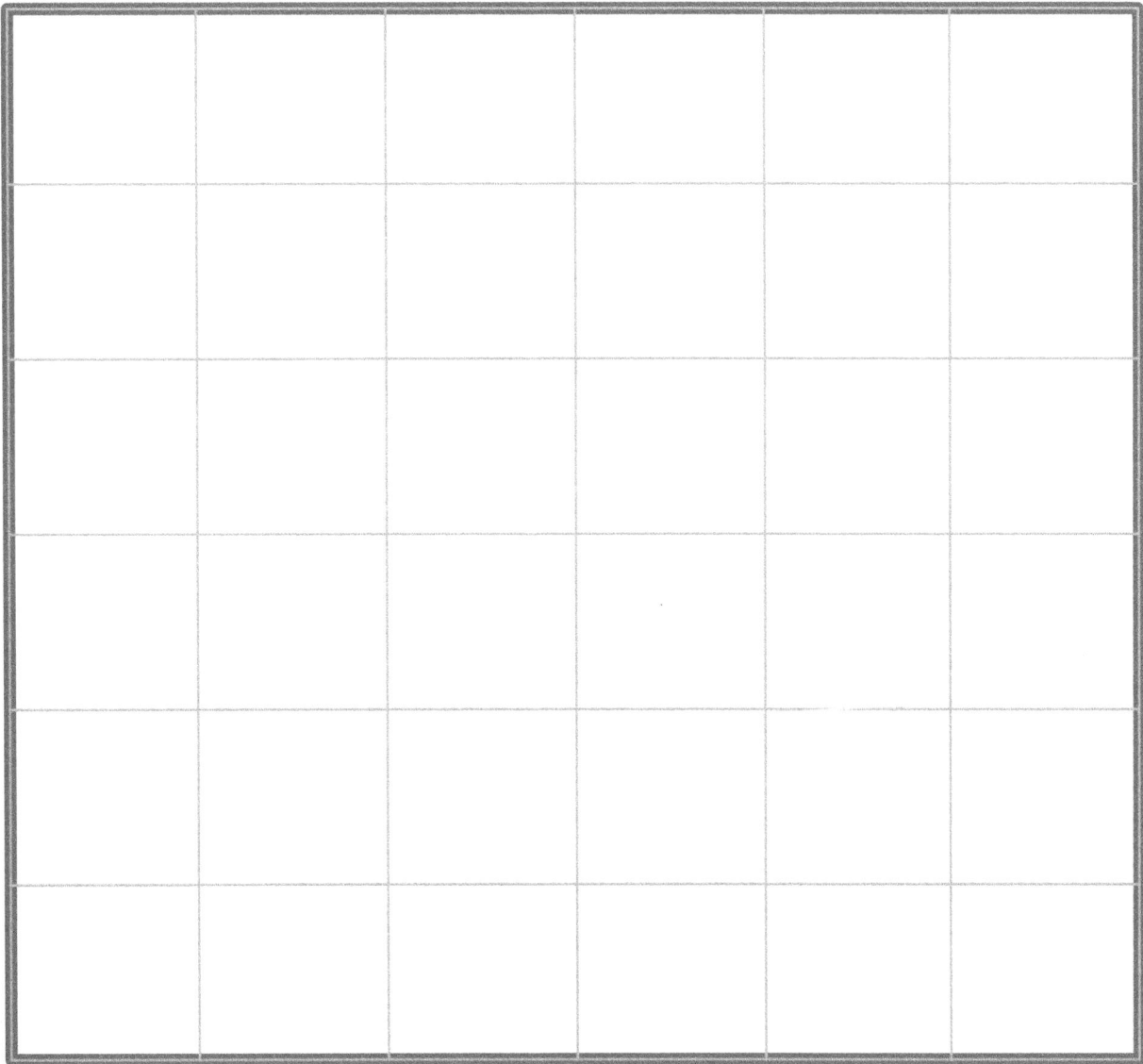

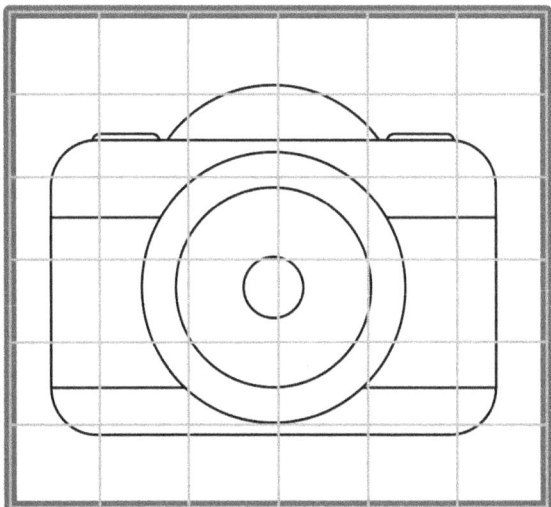

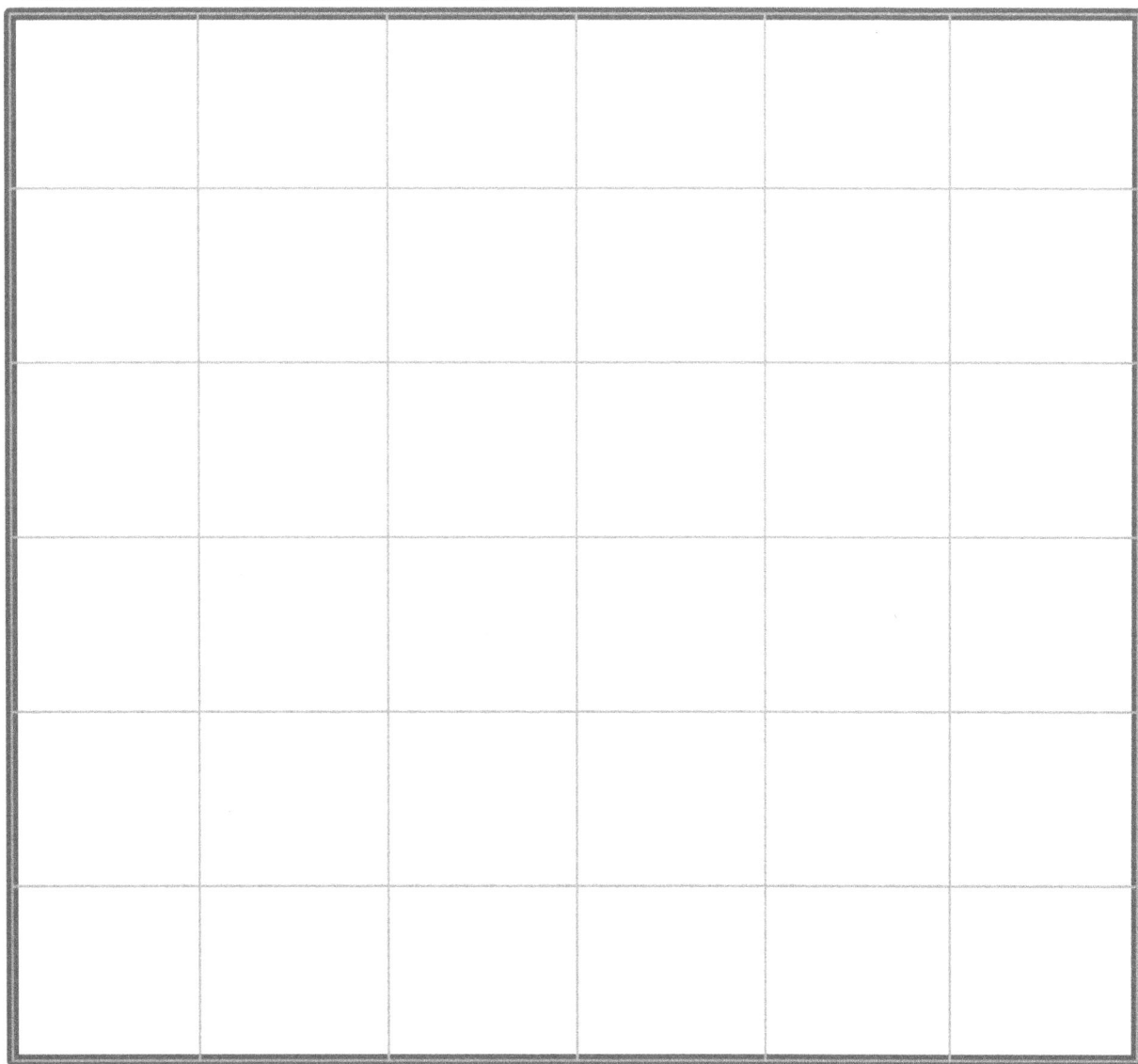

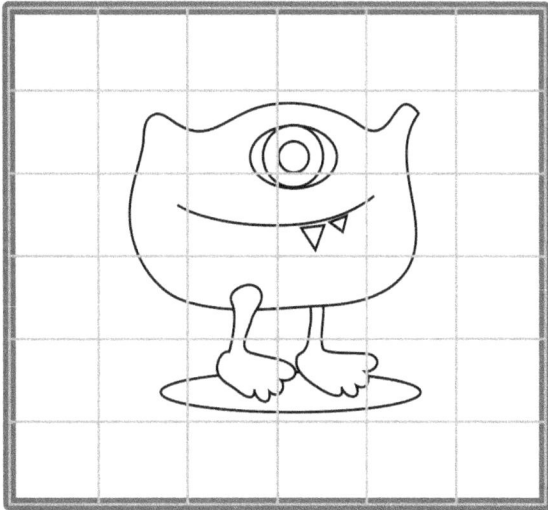

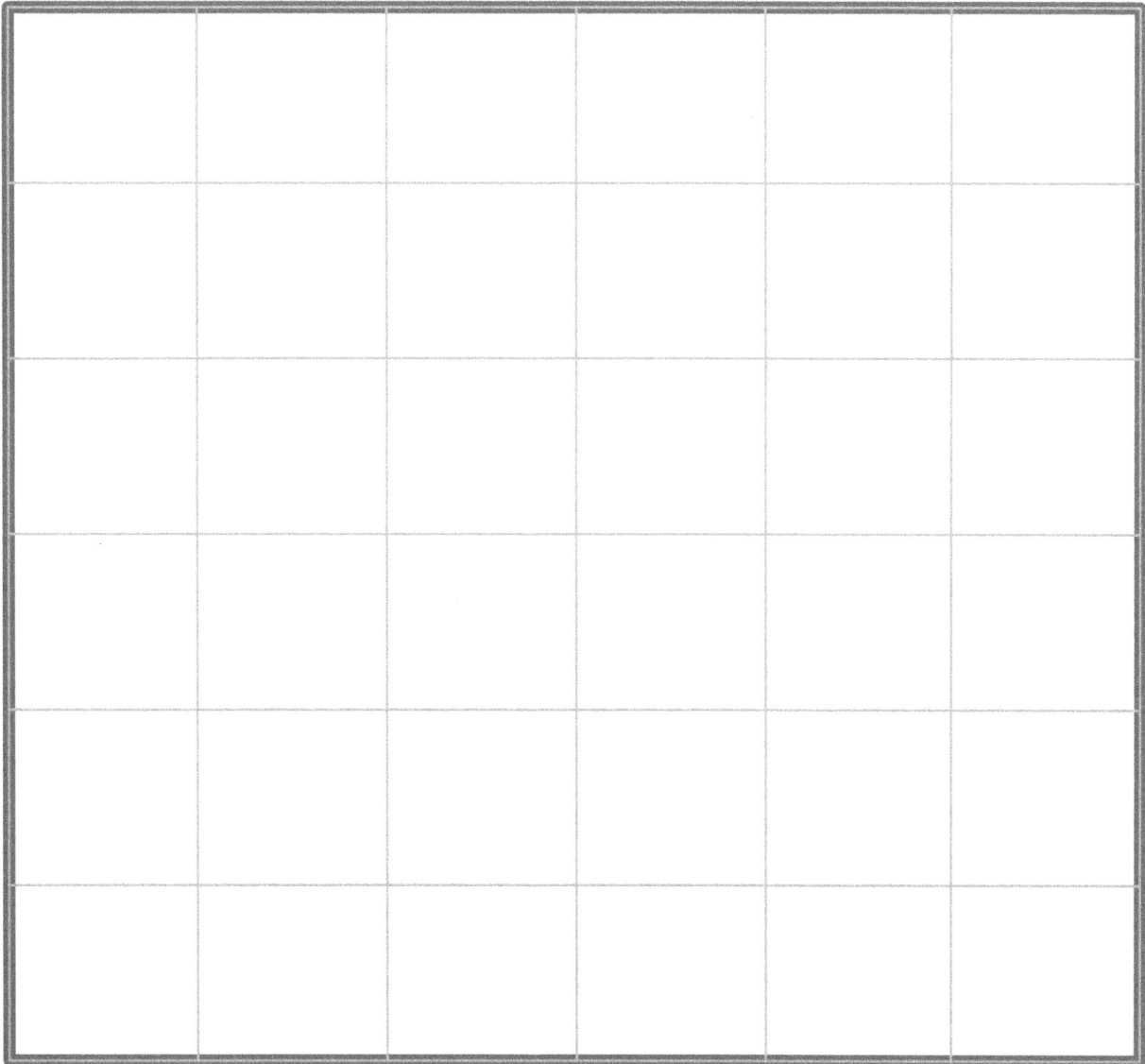

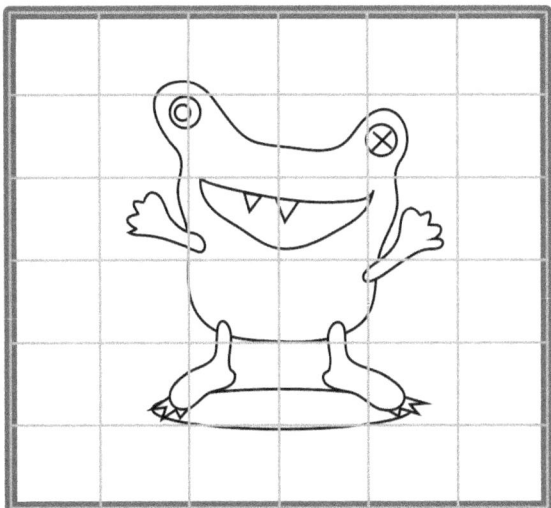

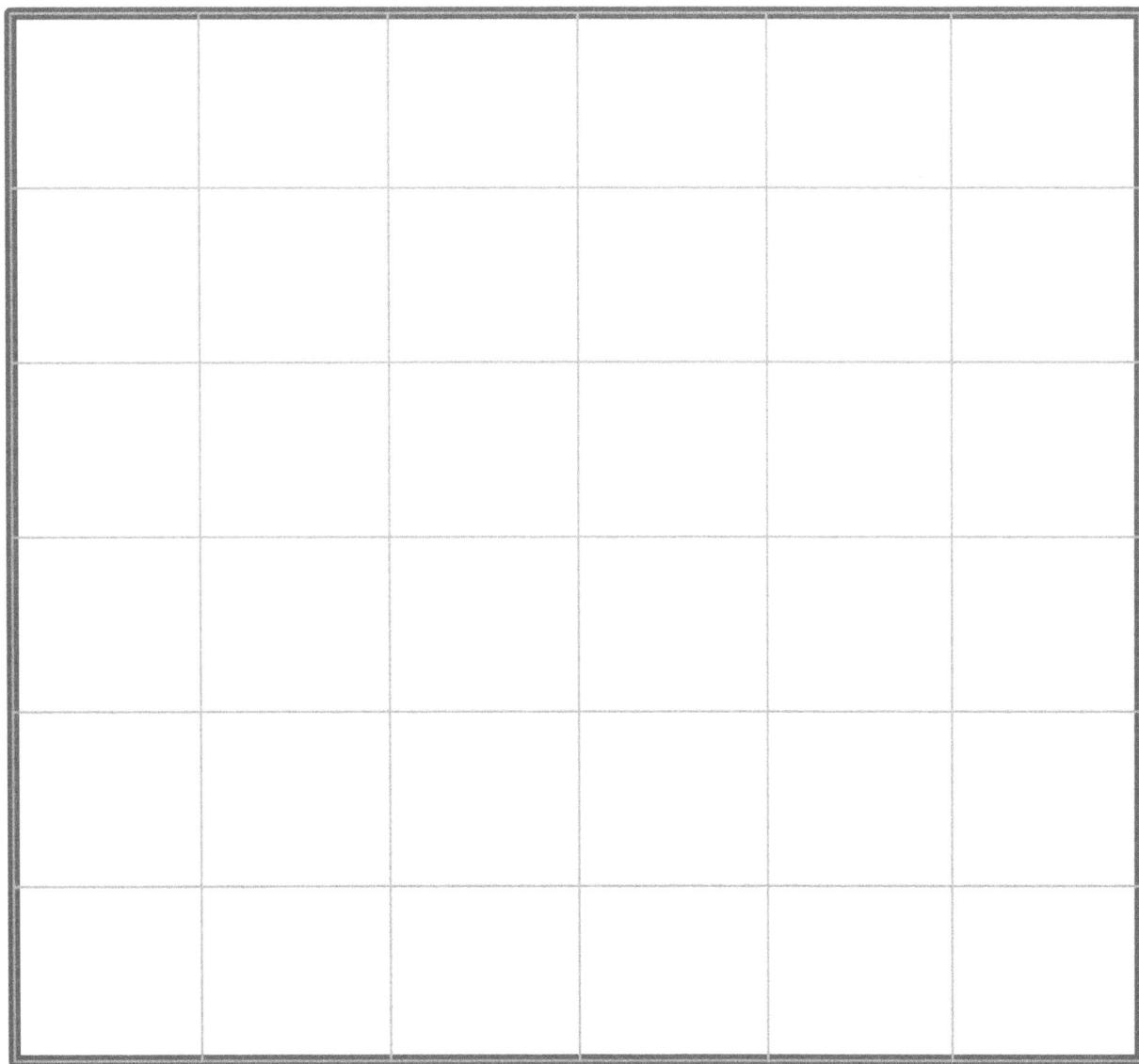

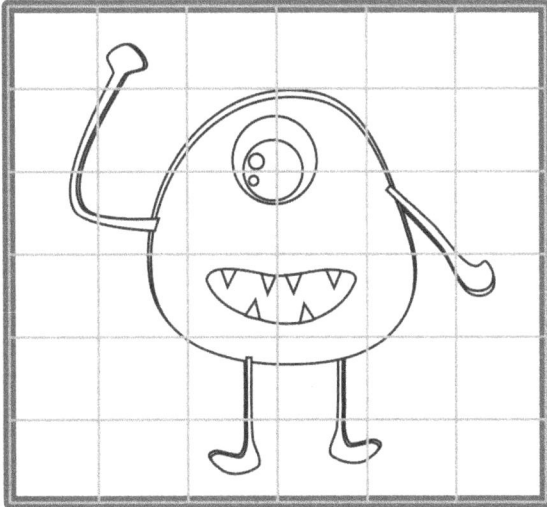

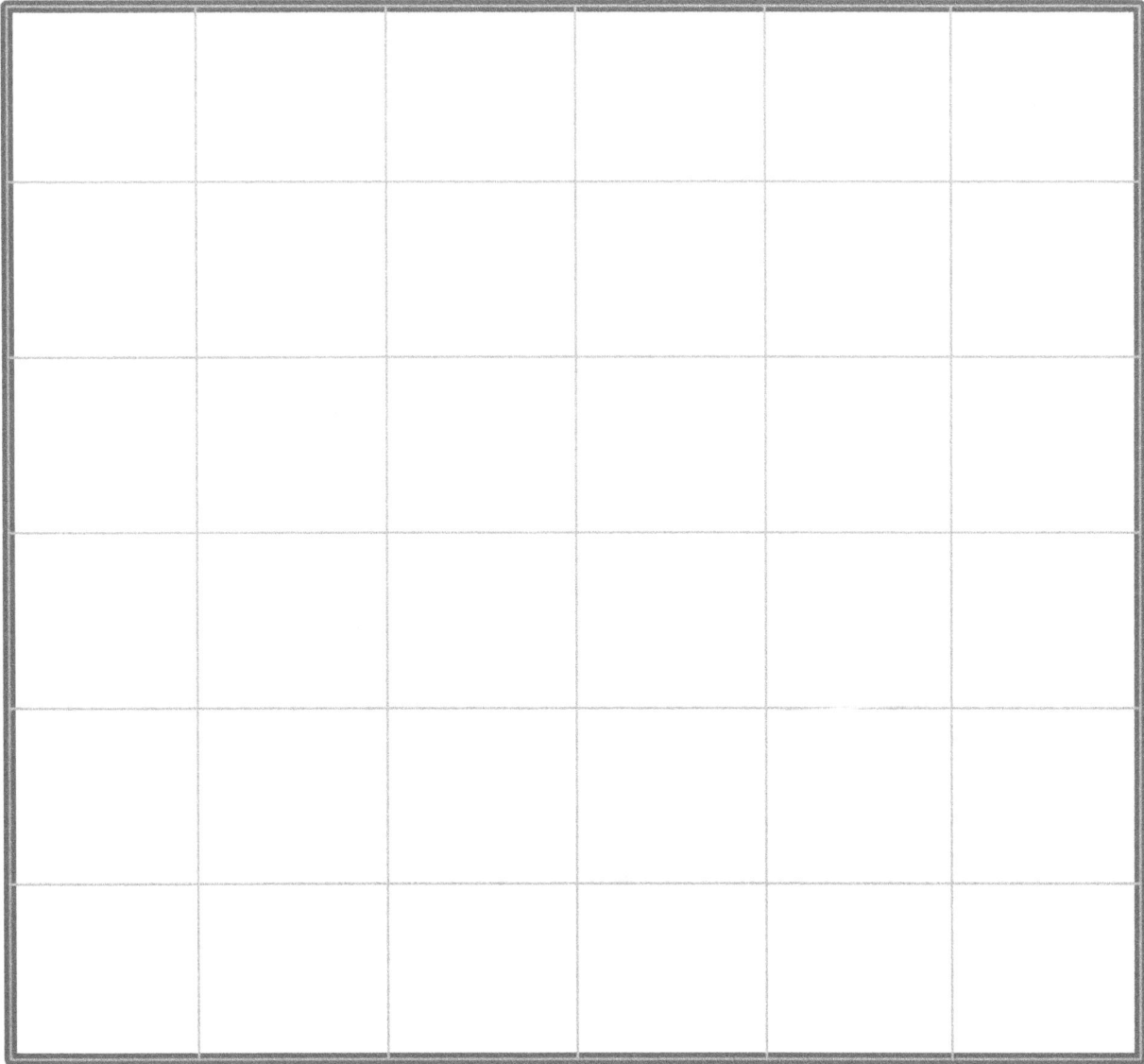

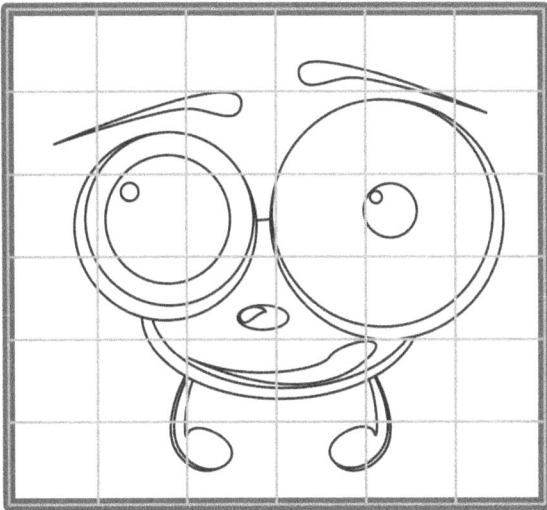

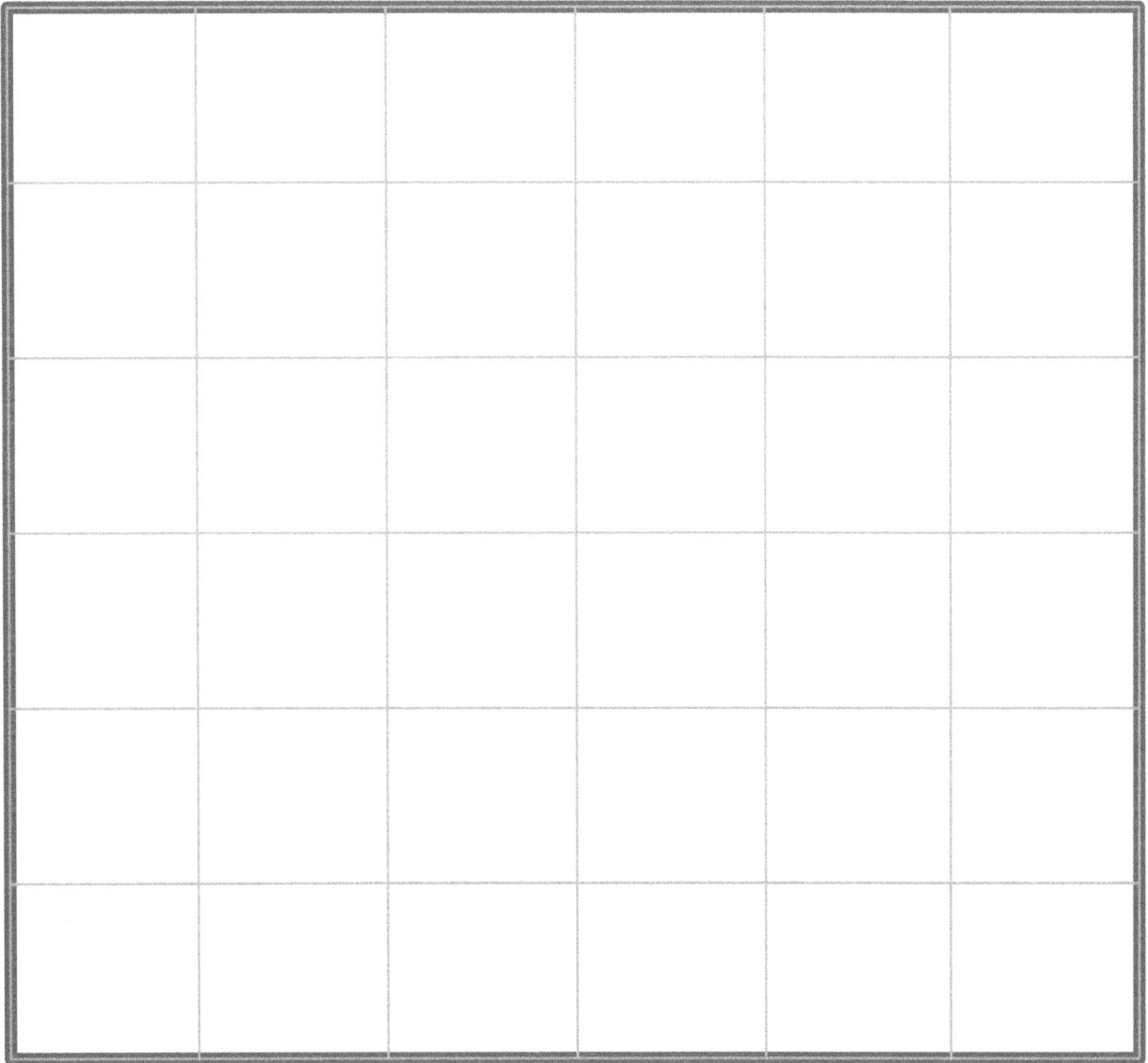

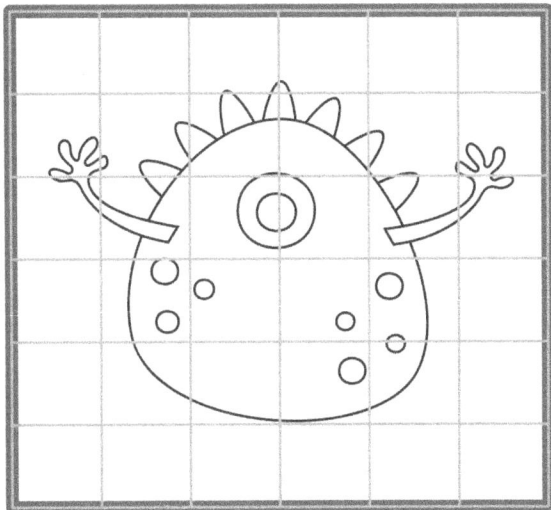

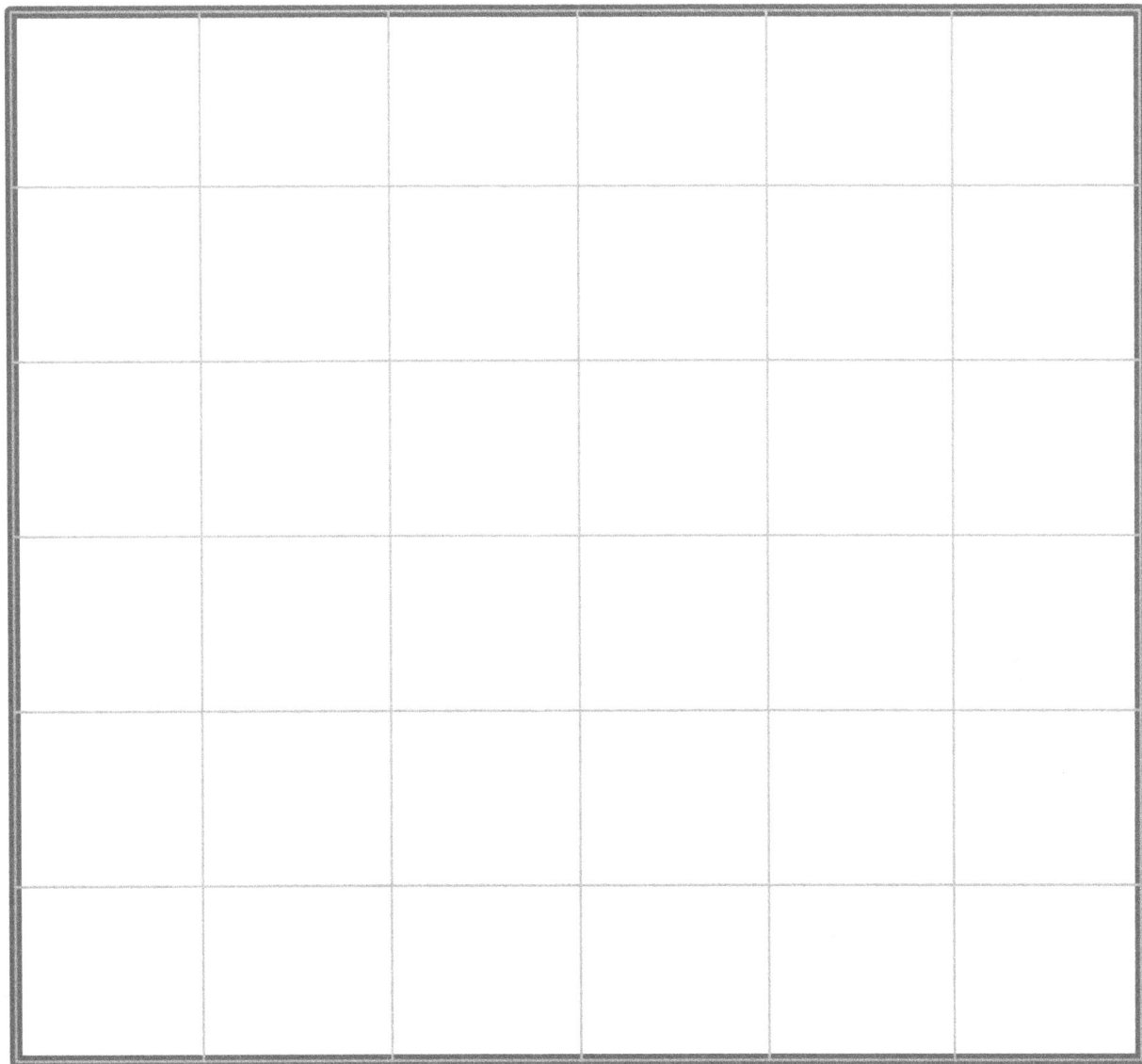

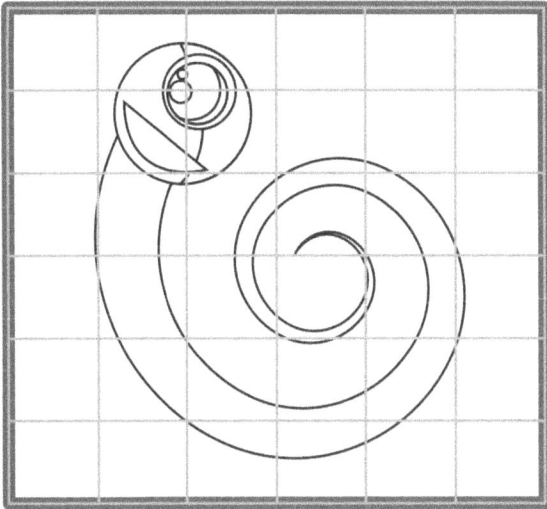

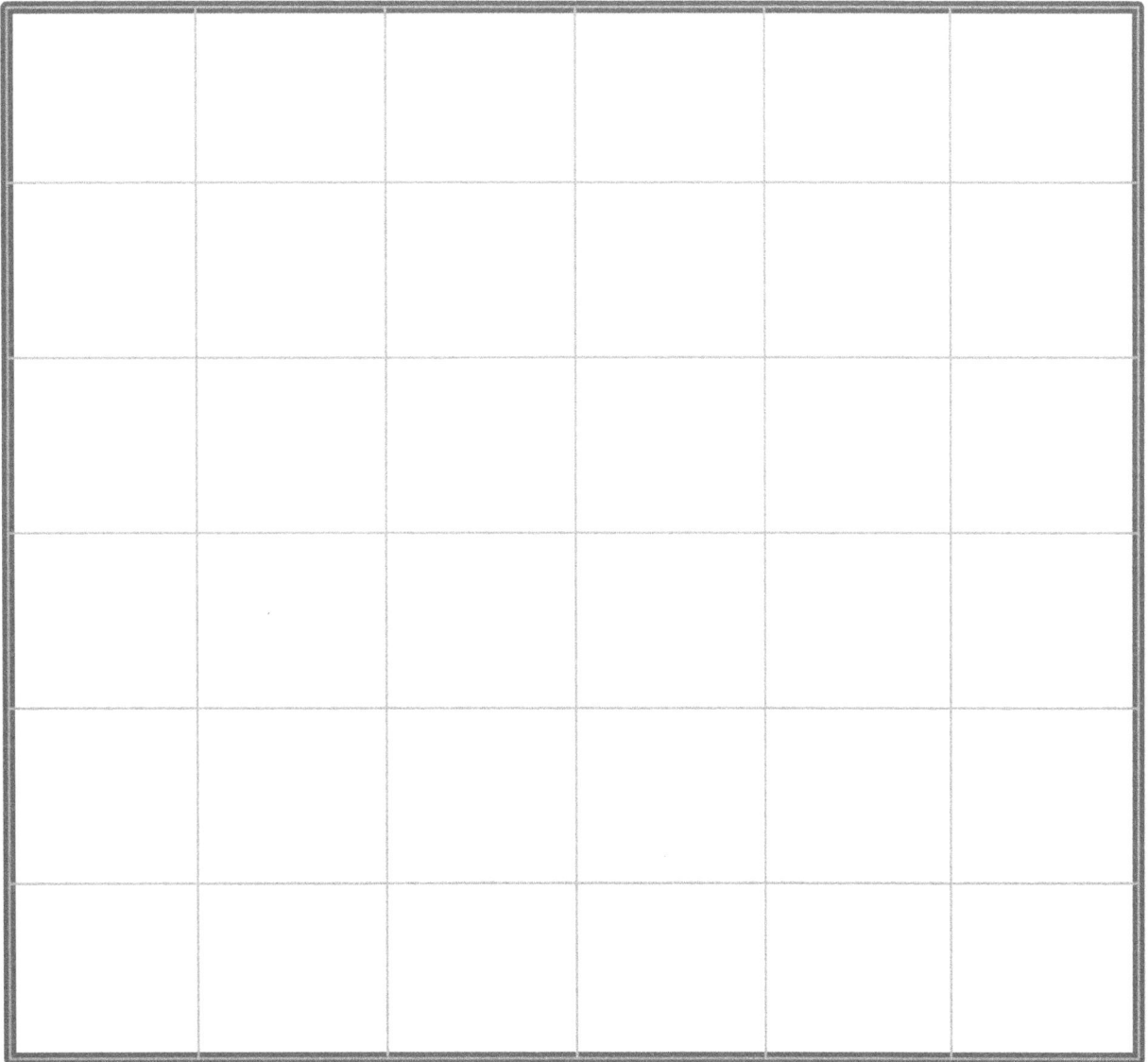

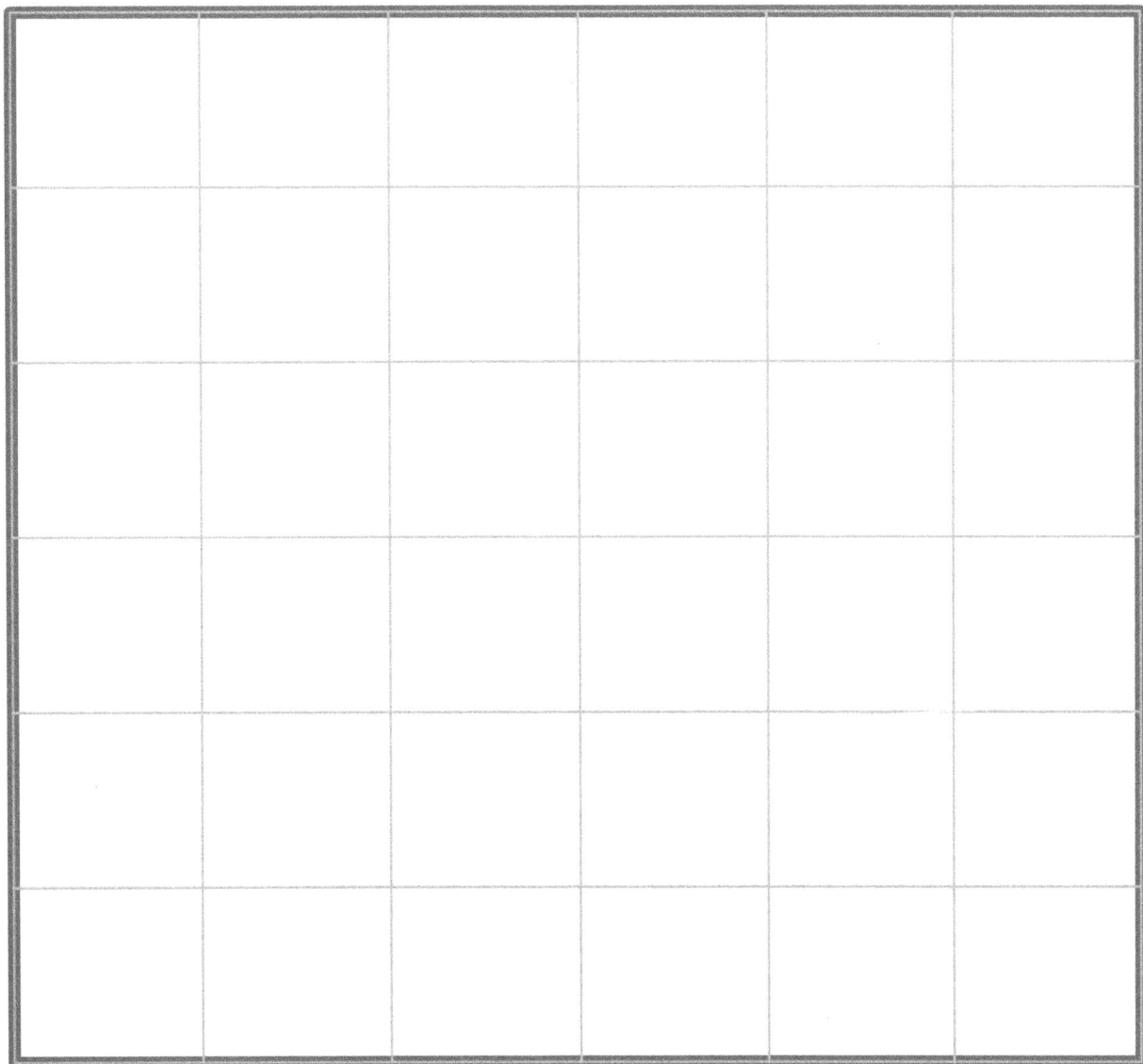

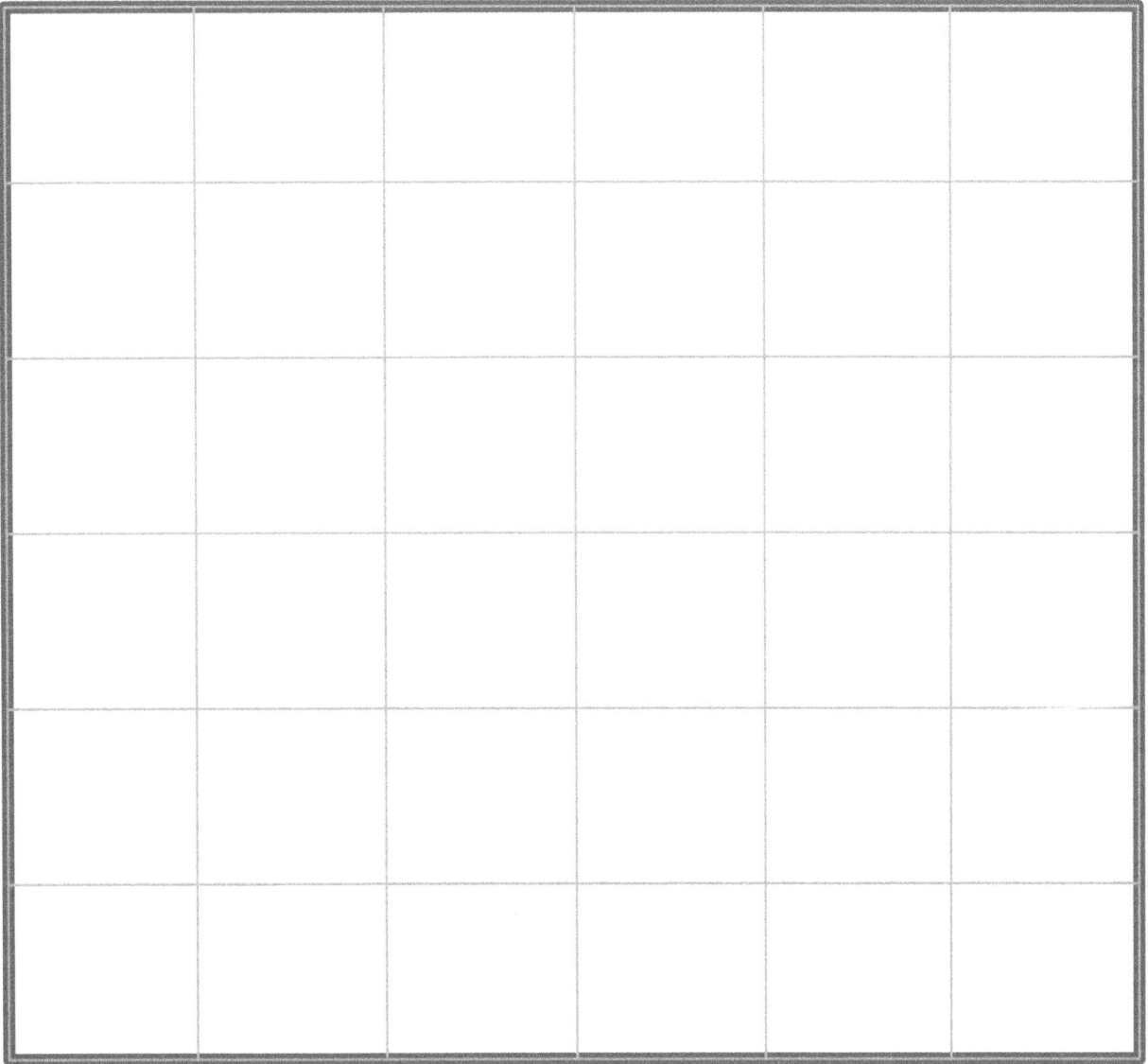

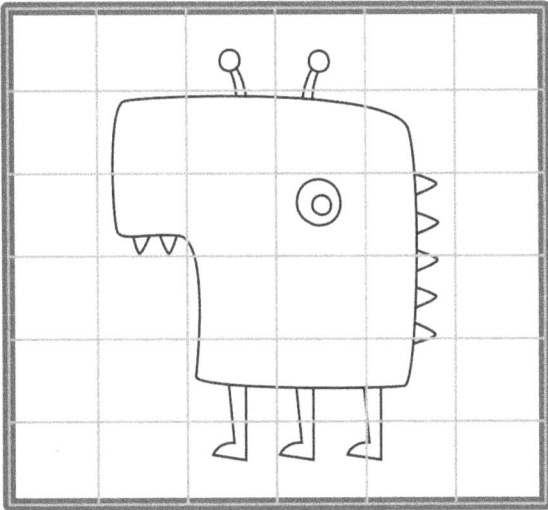

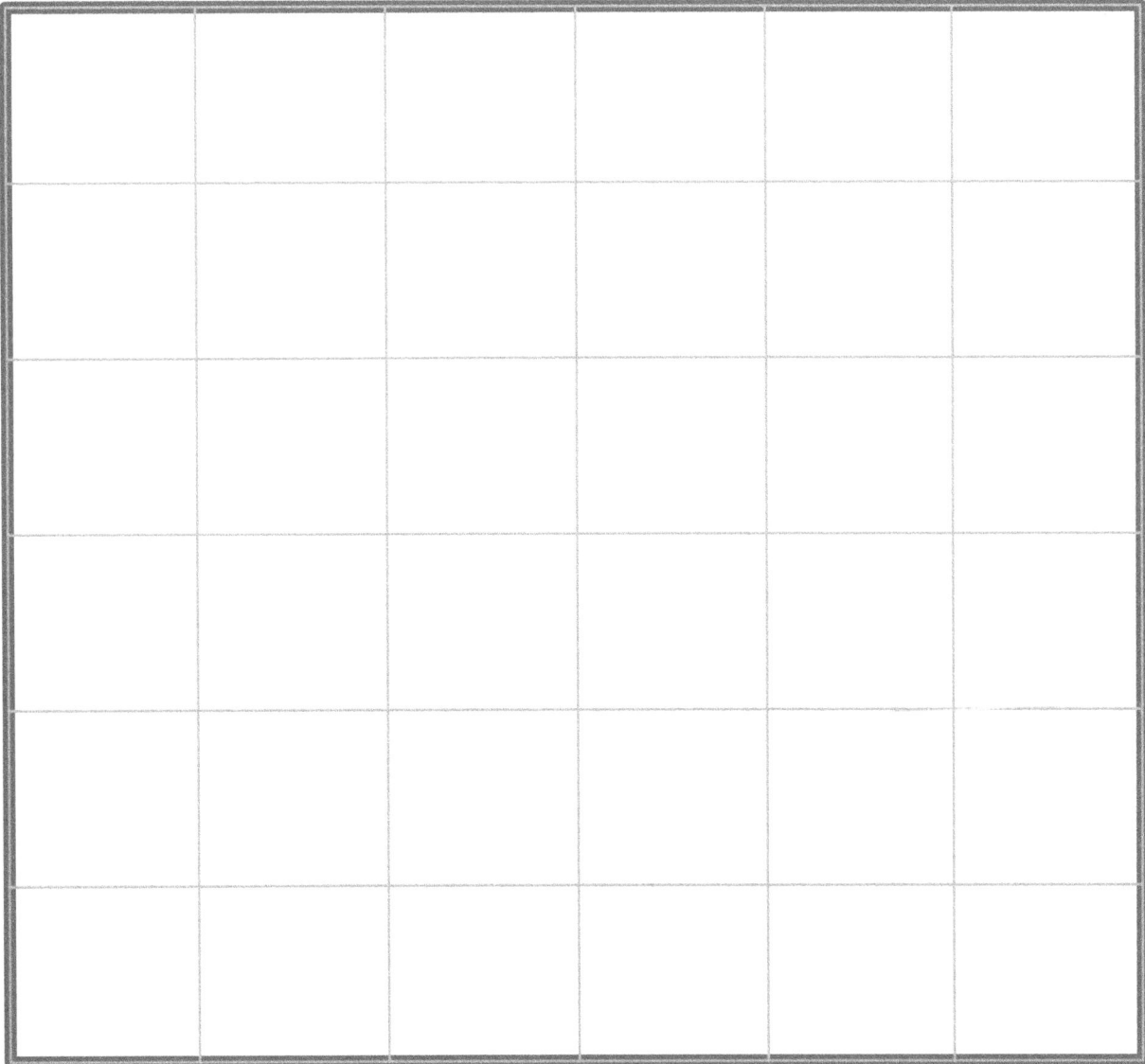

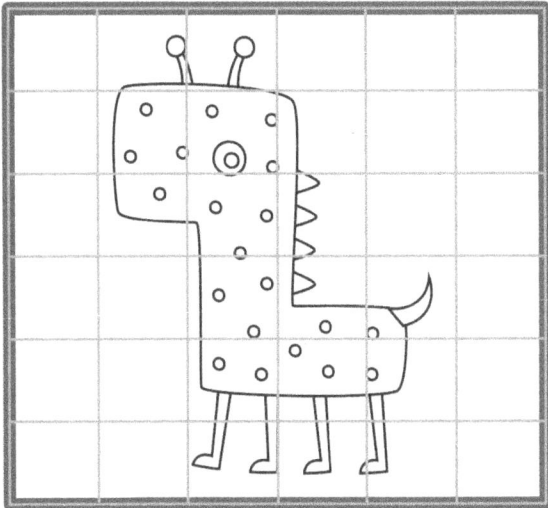

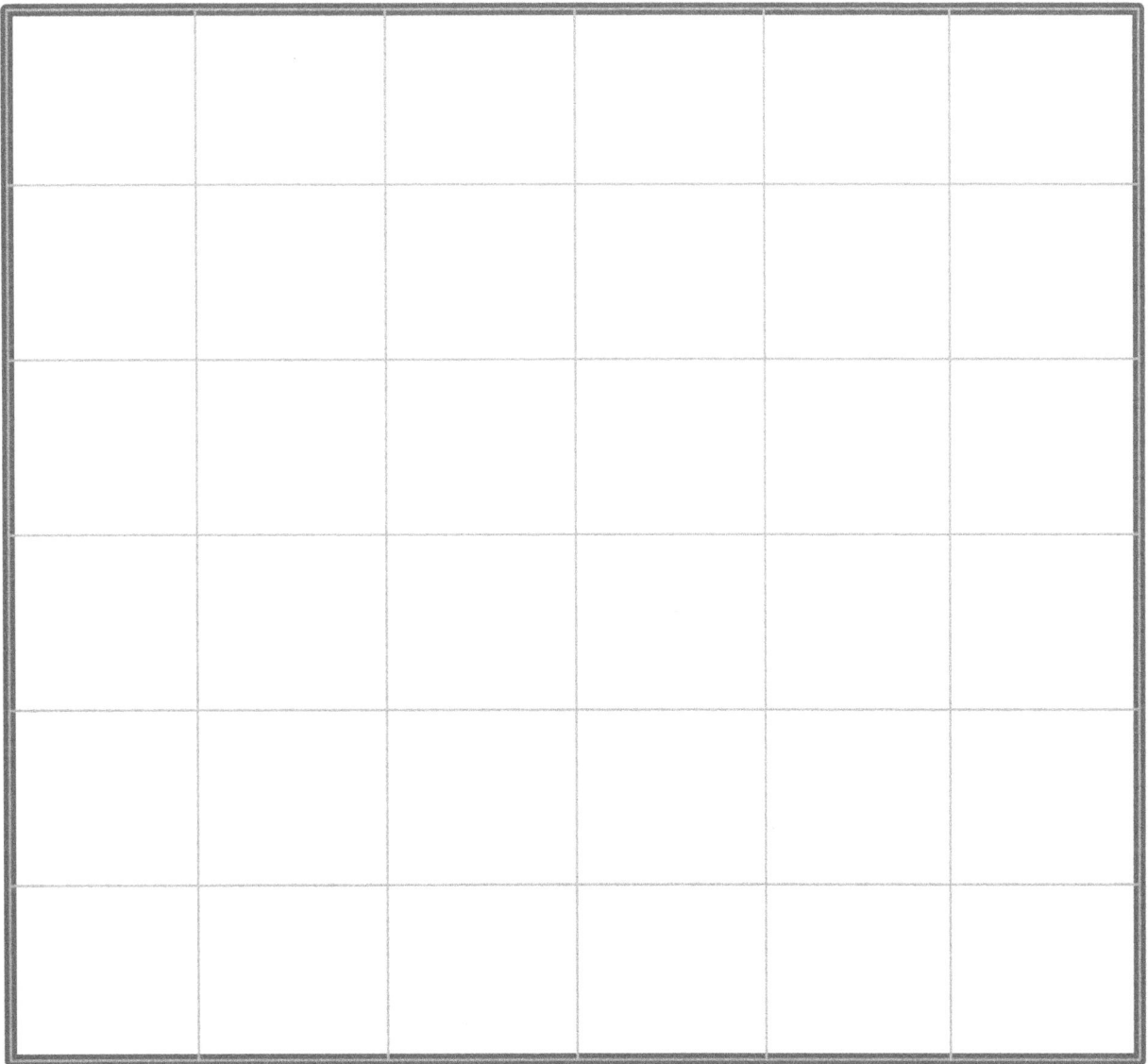

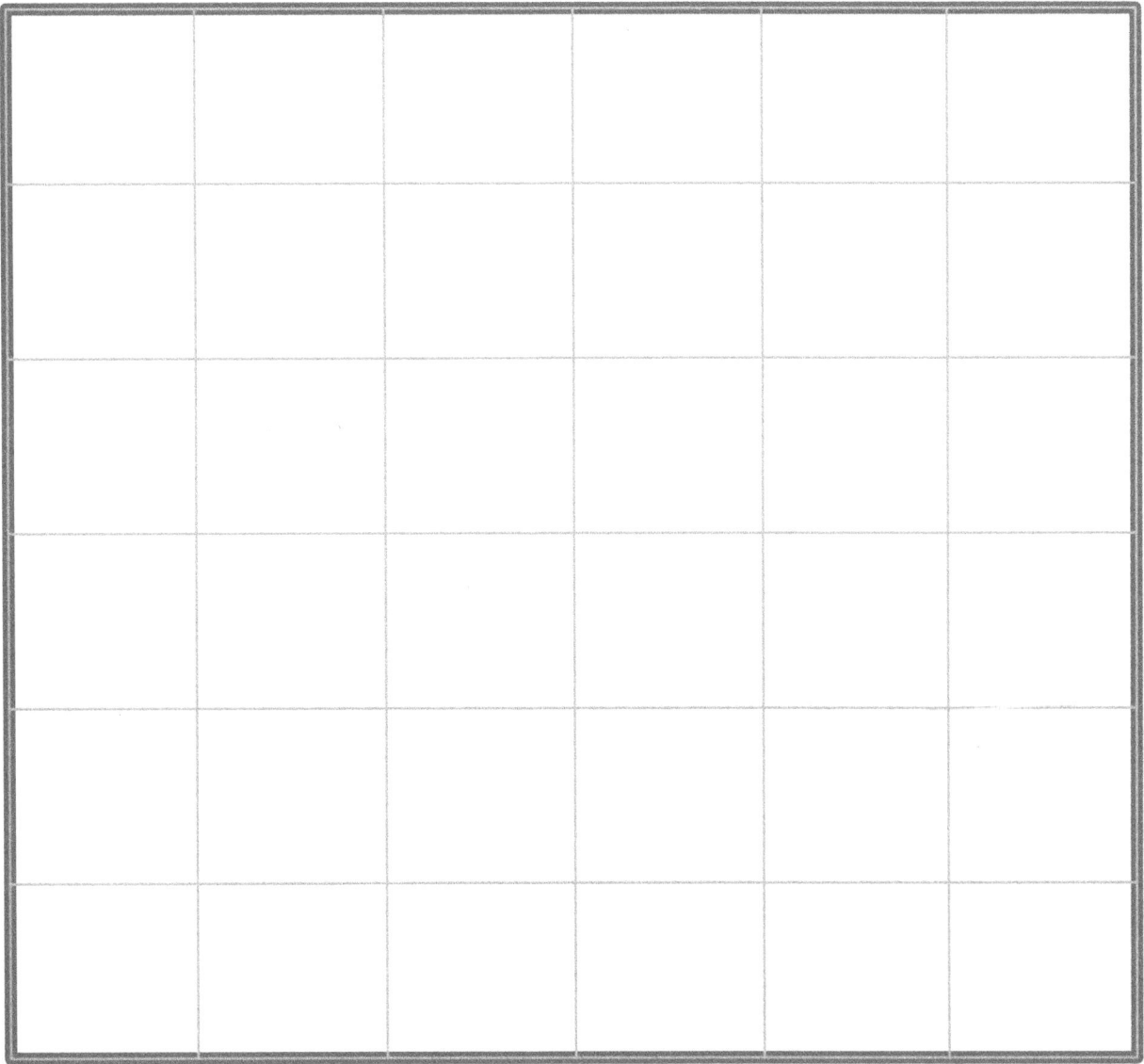

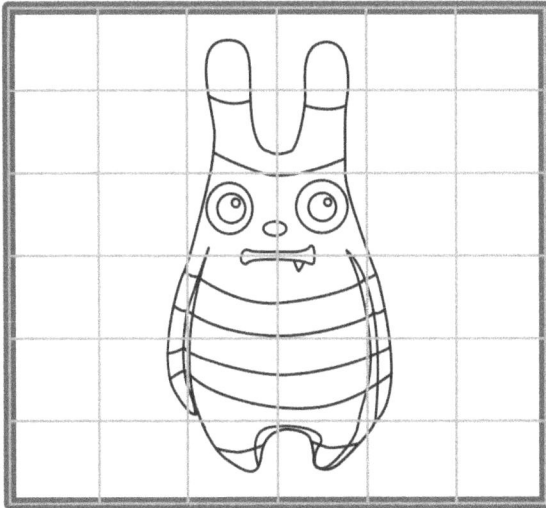

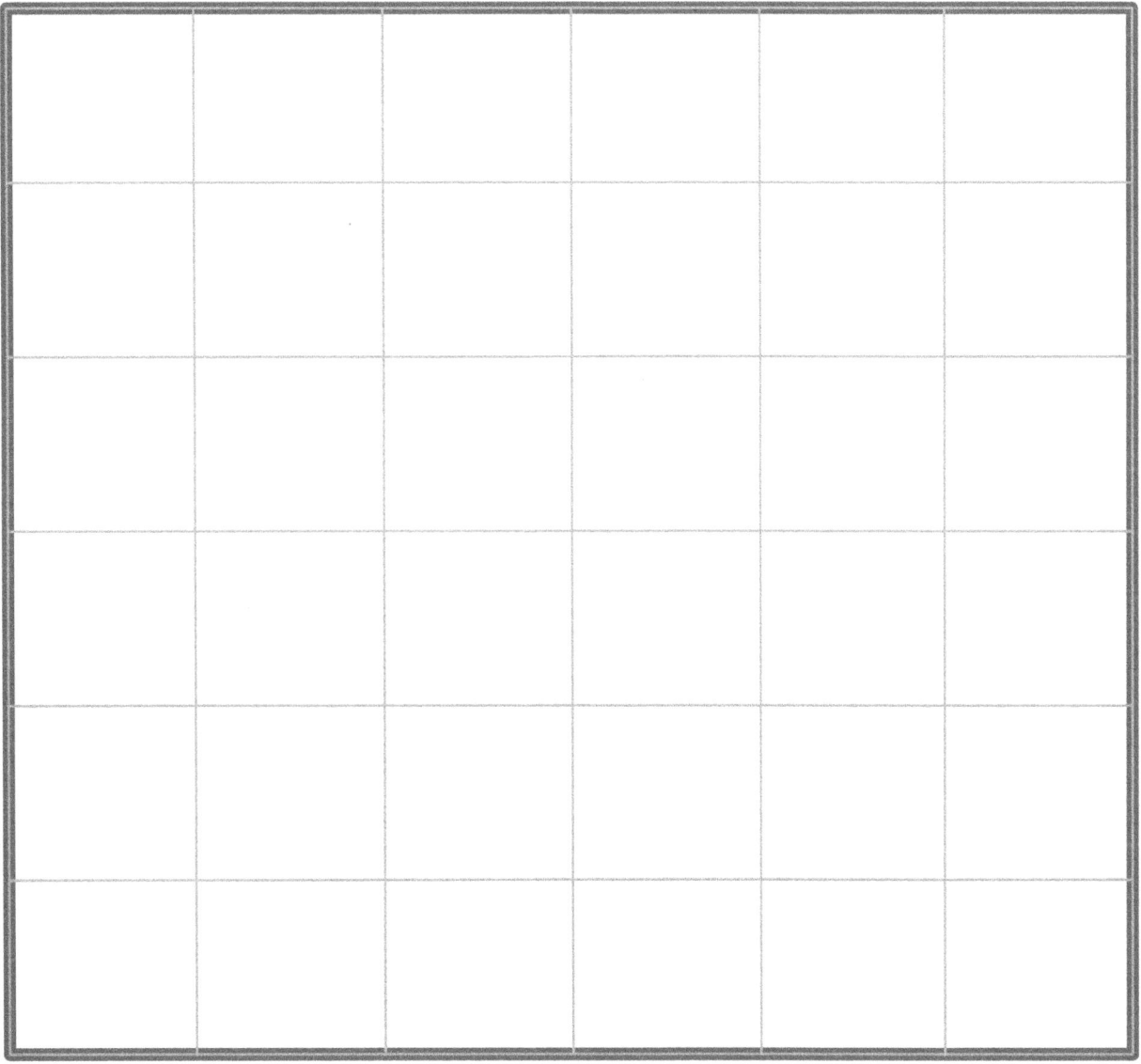

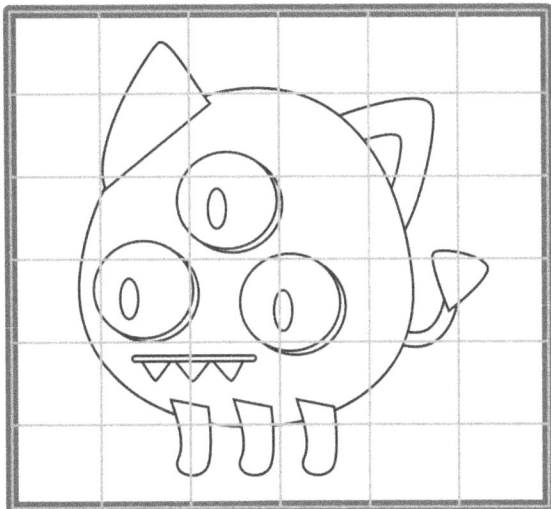

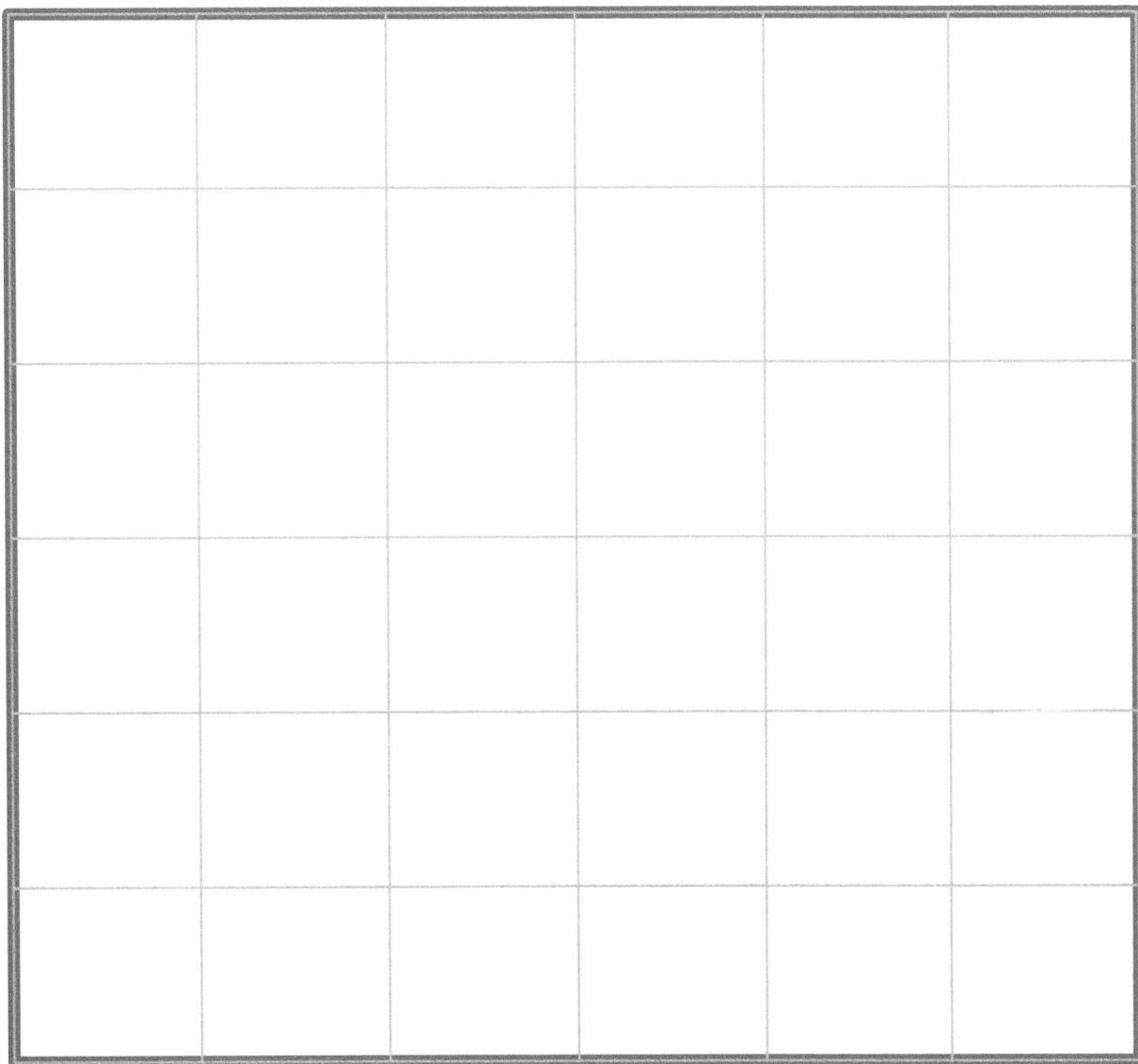

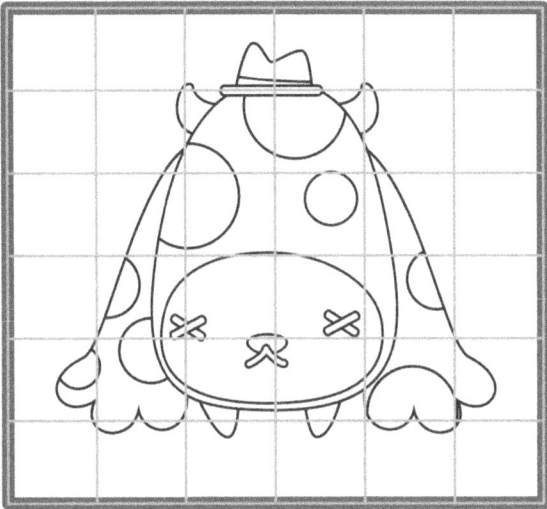

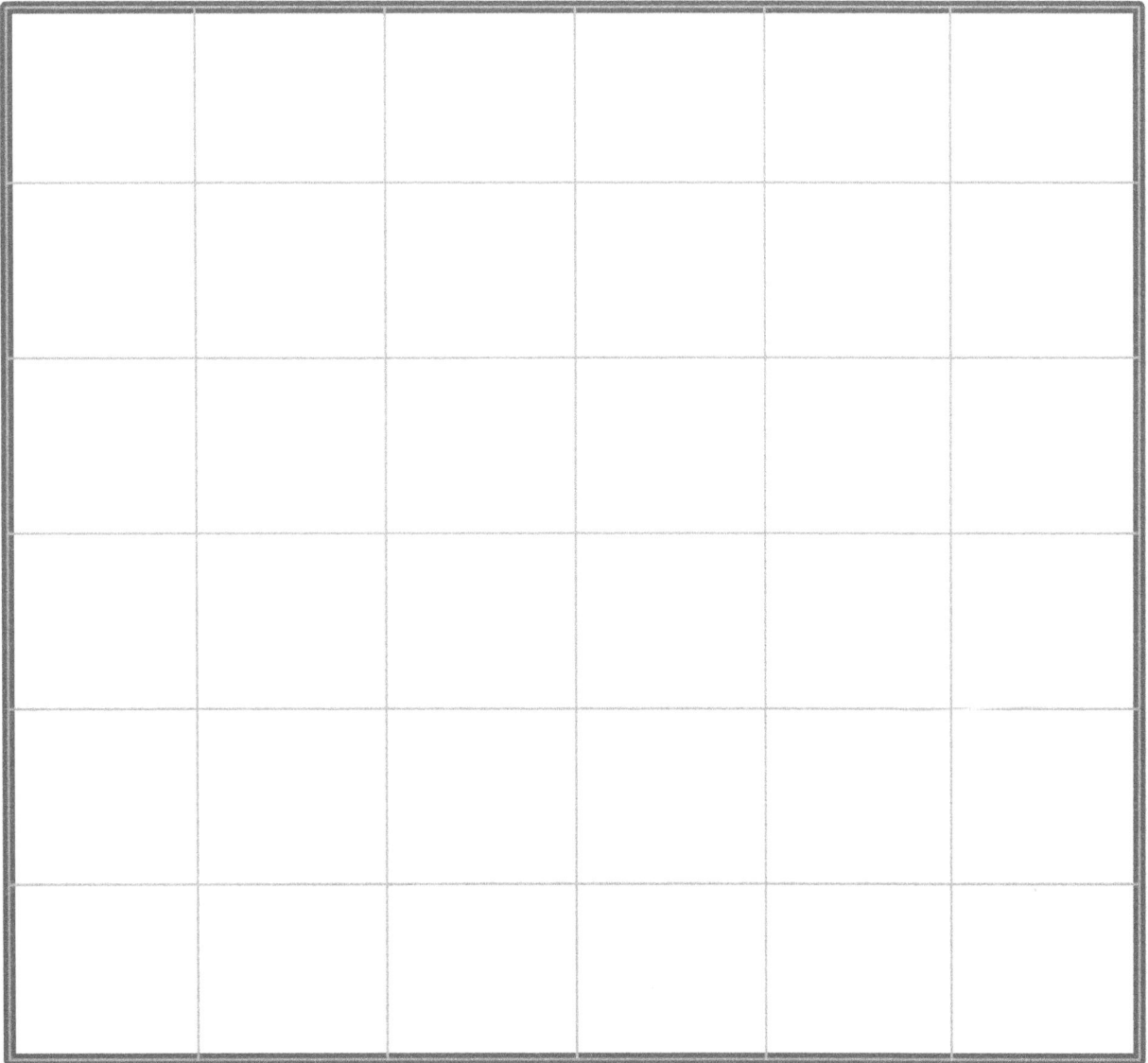

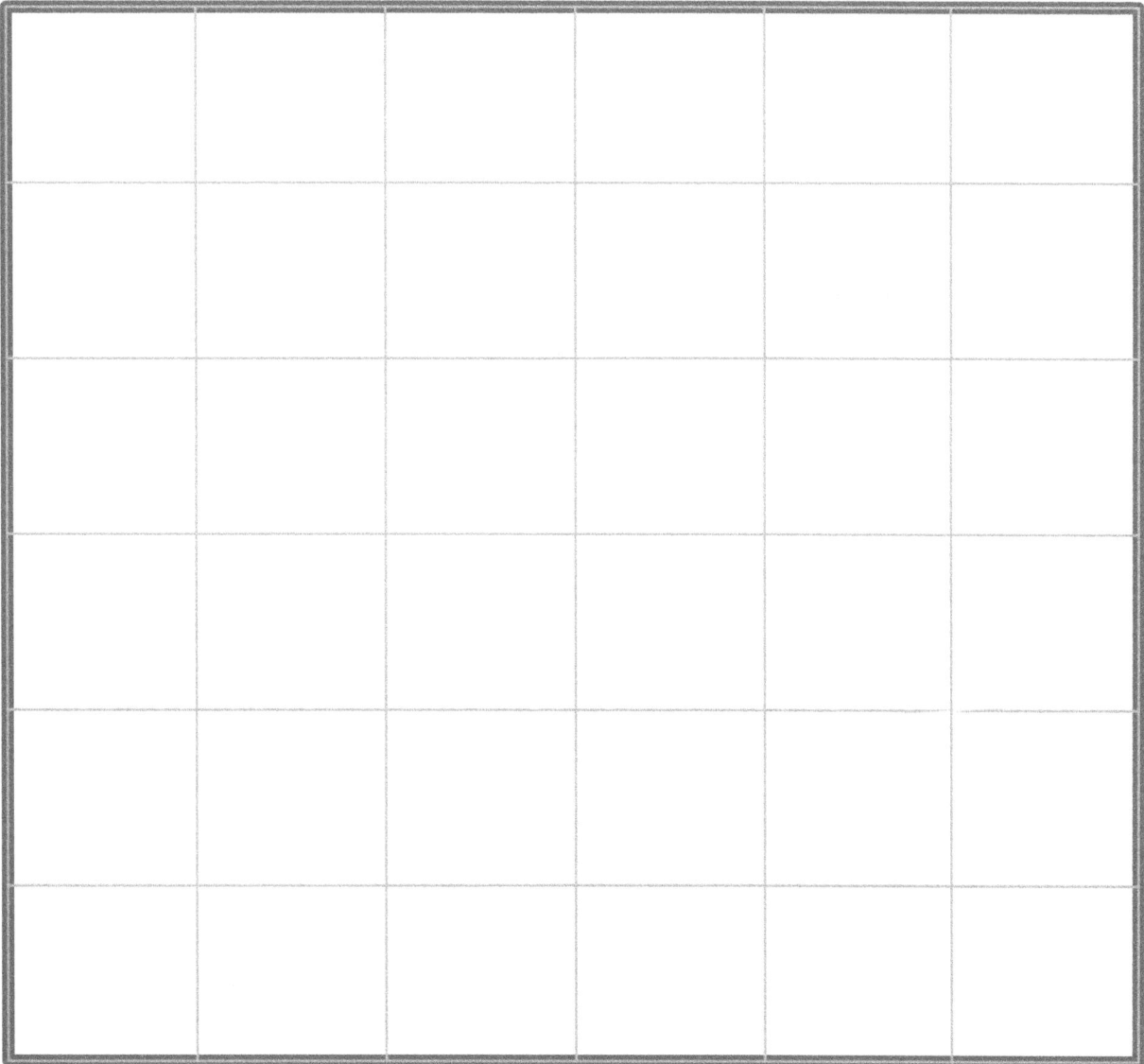

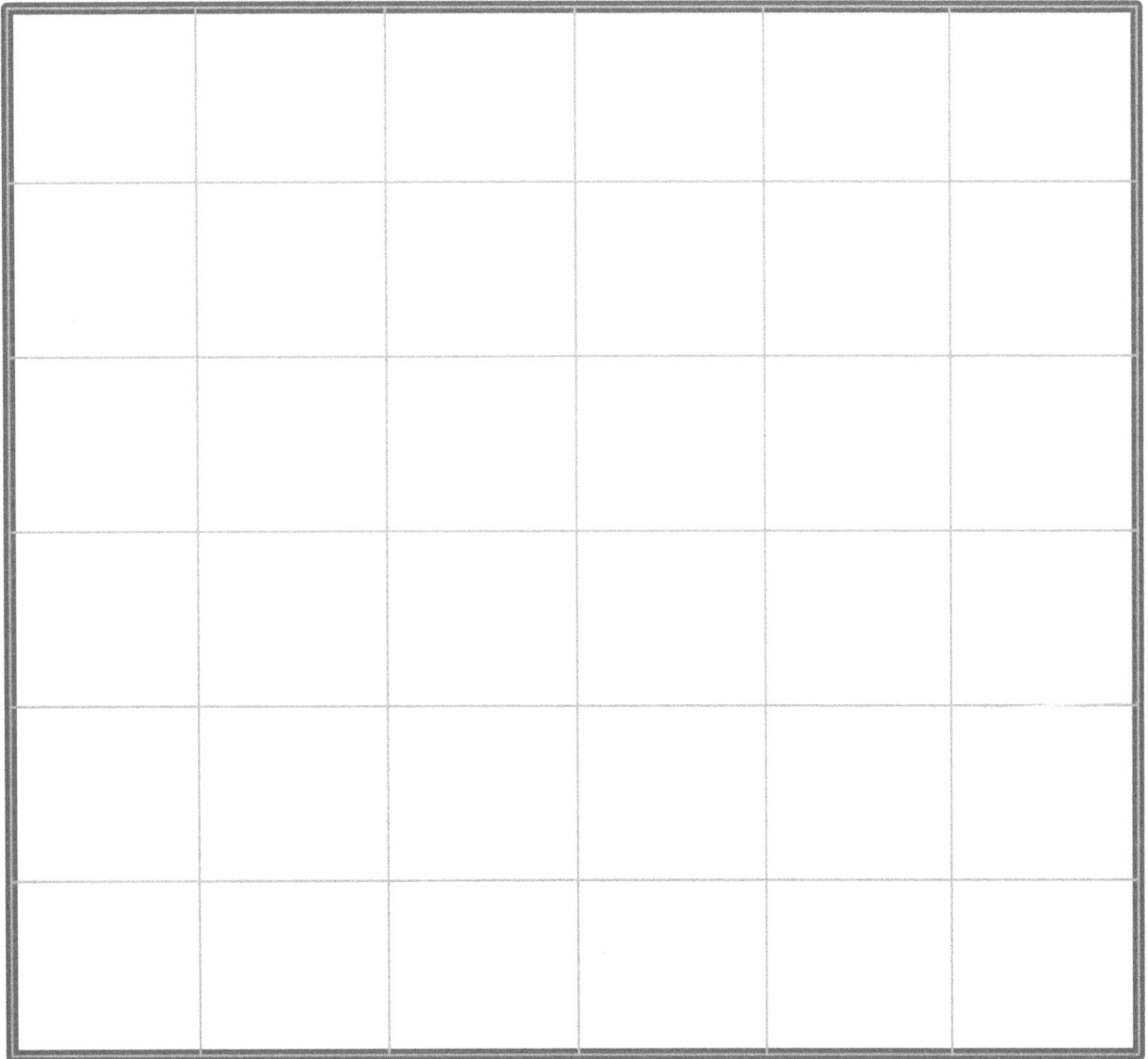

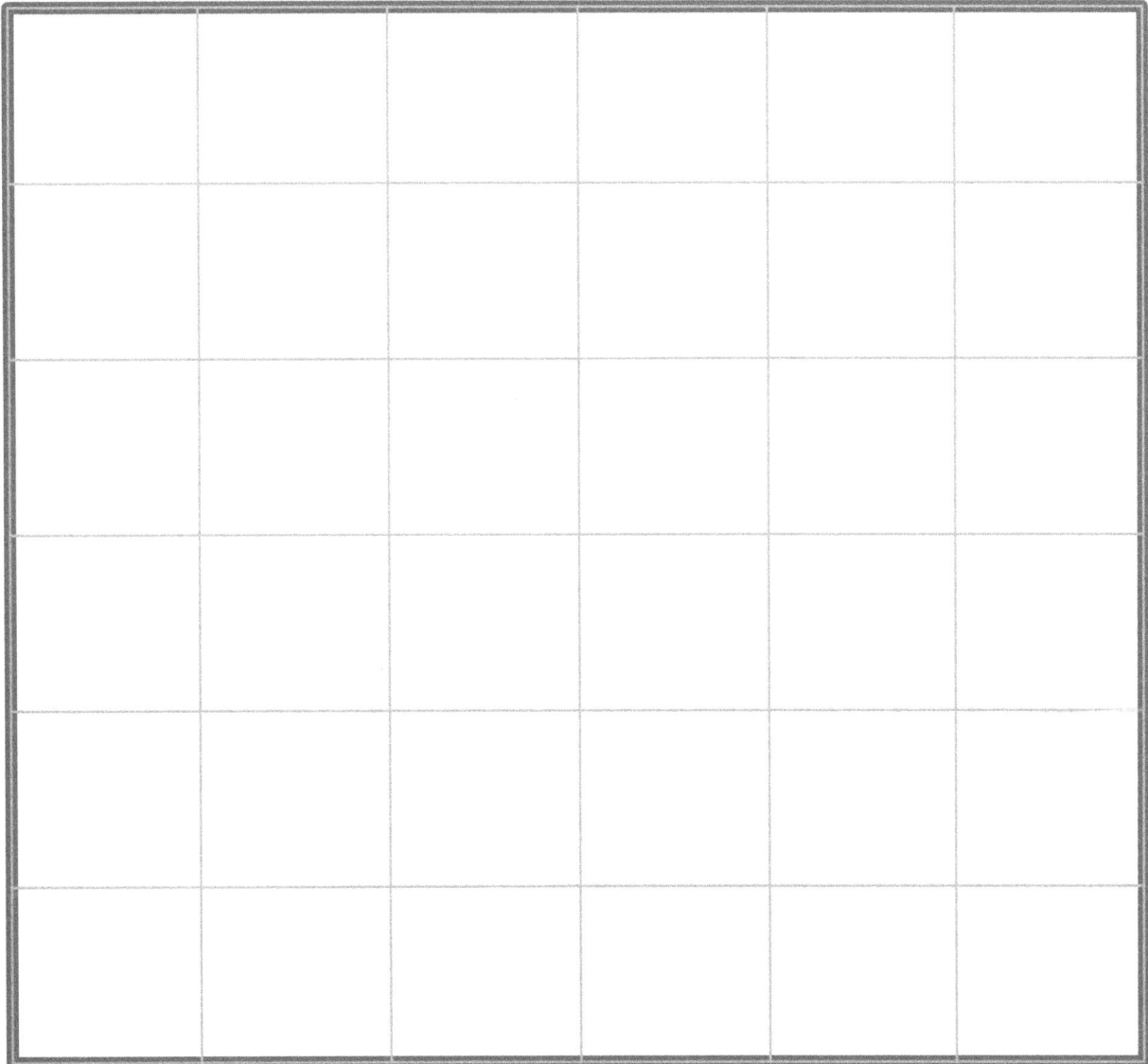

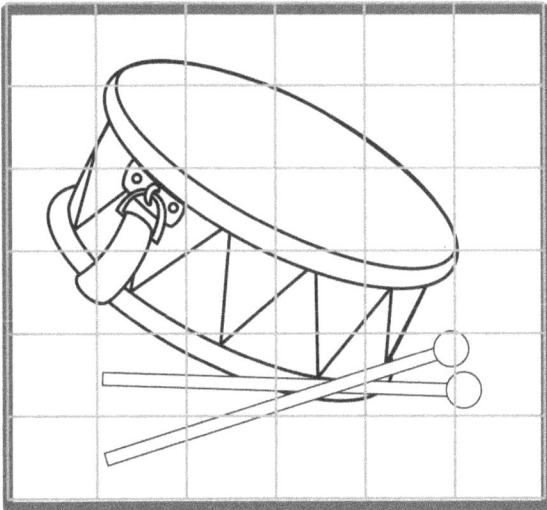

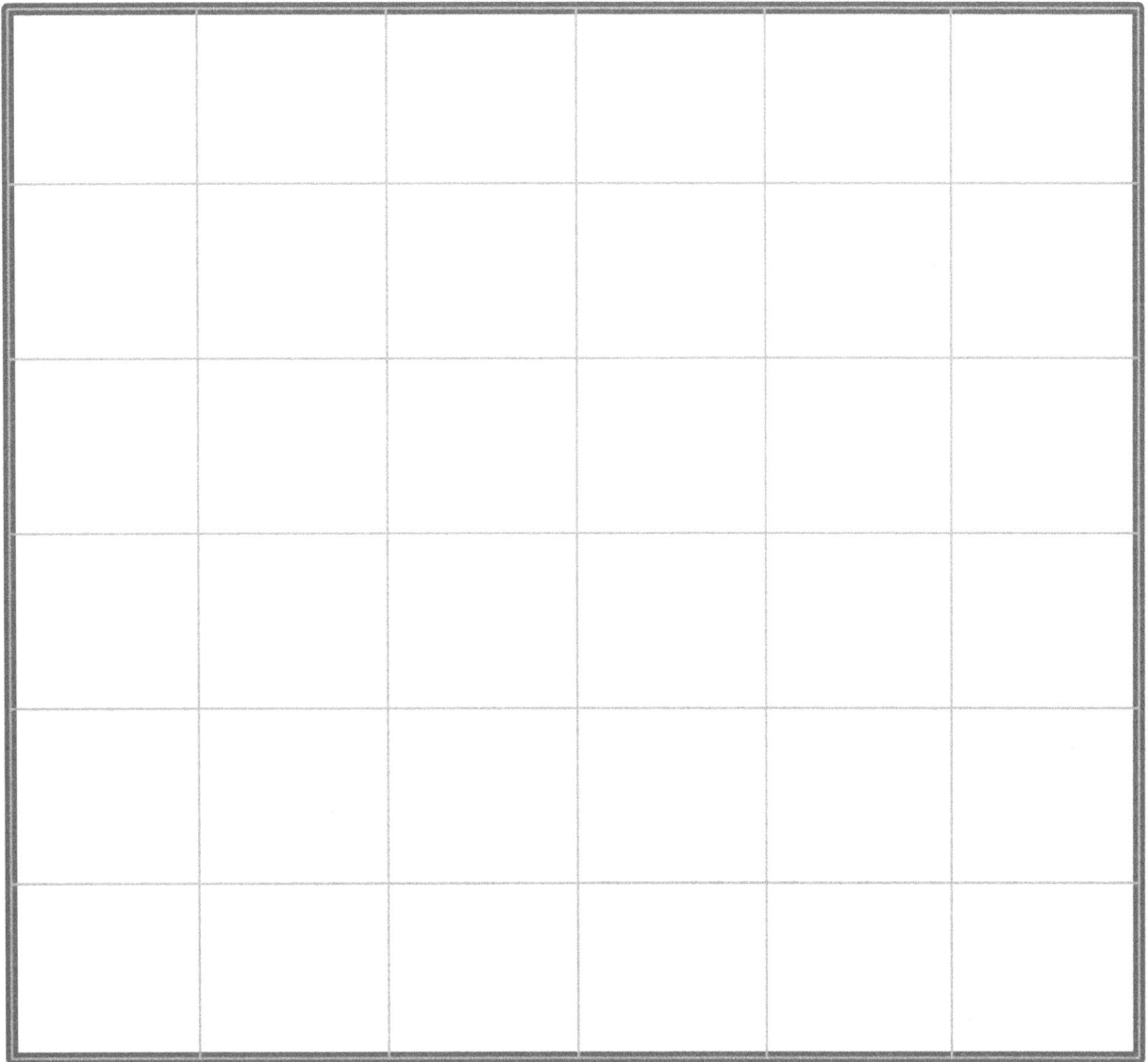

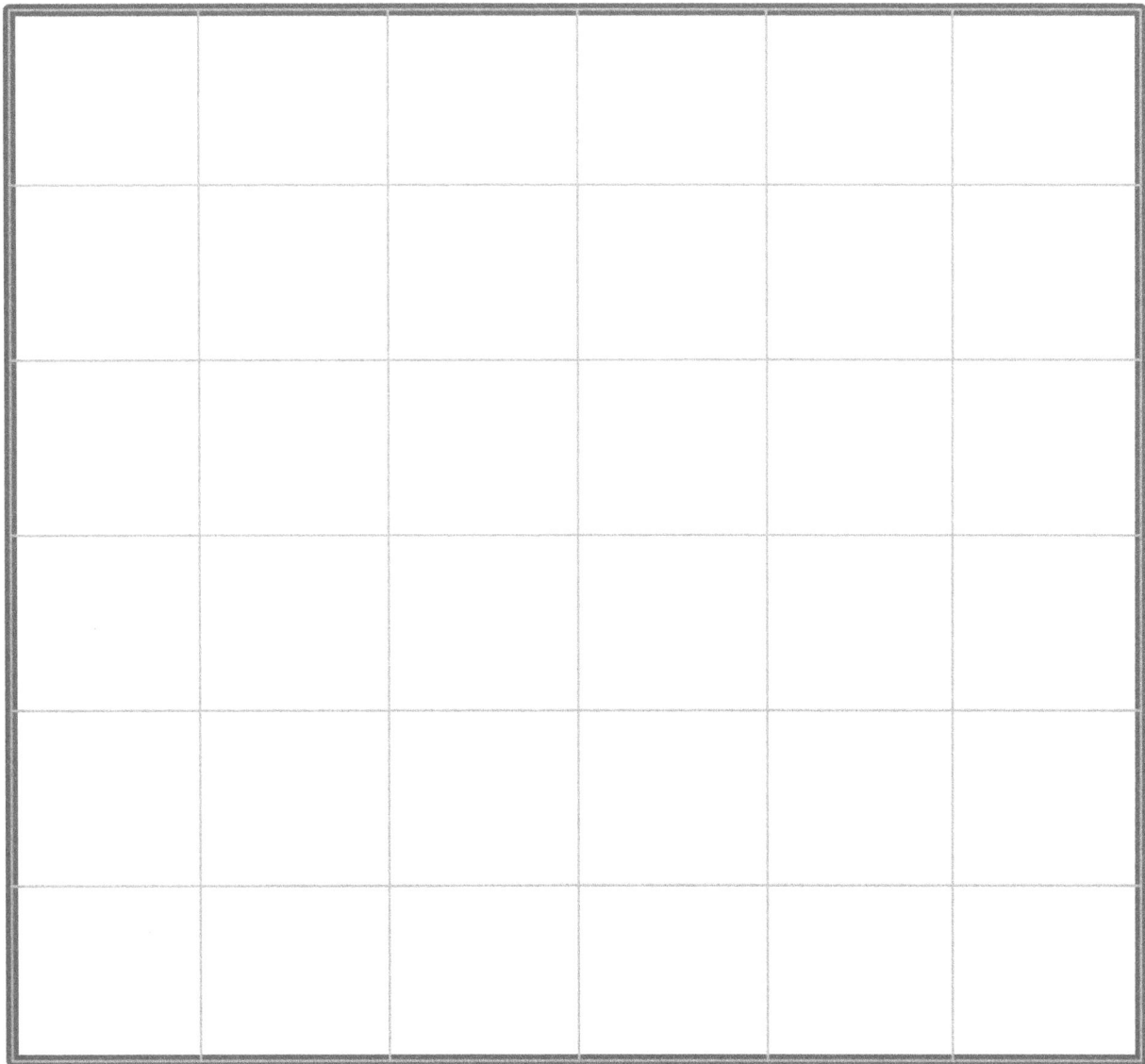

.

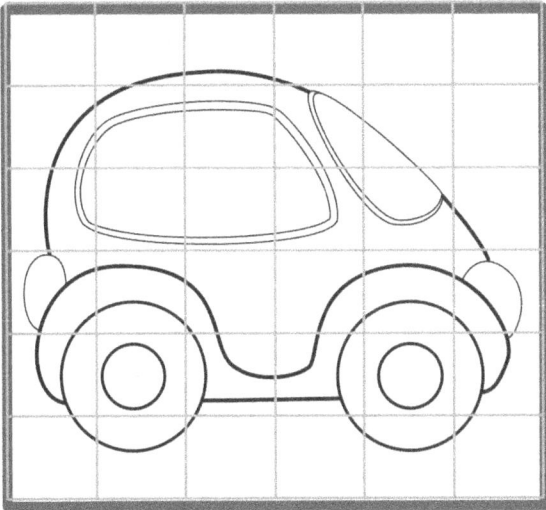

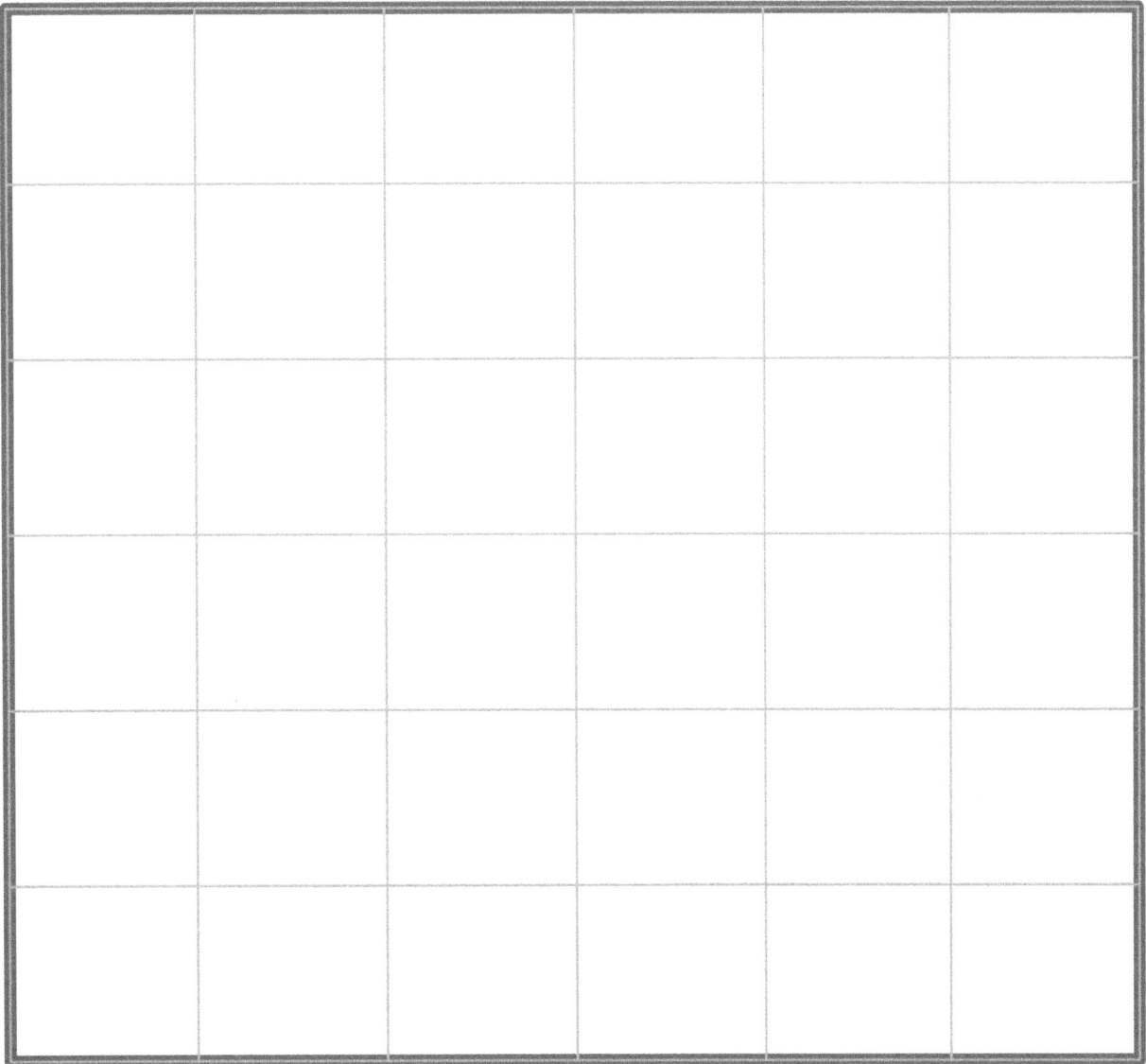

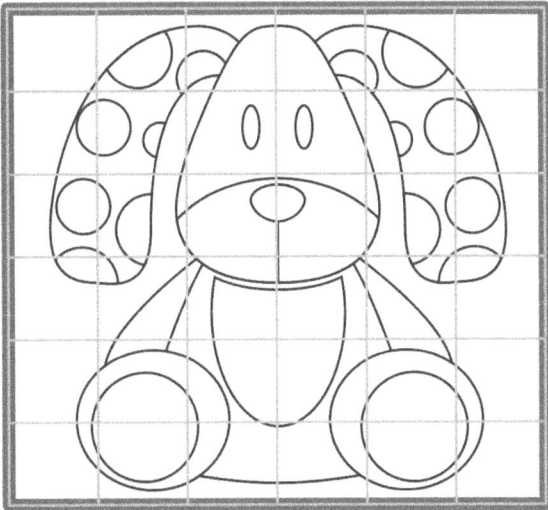

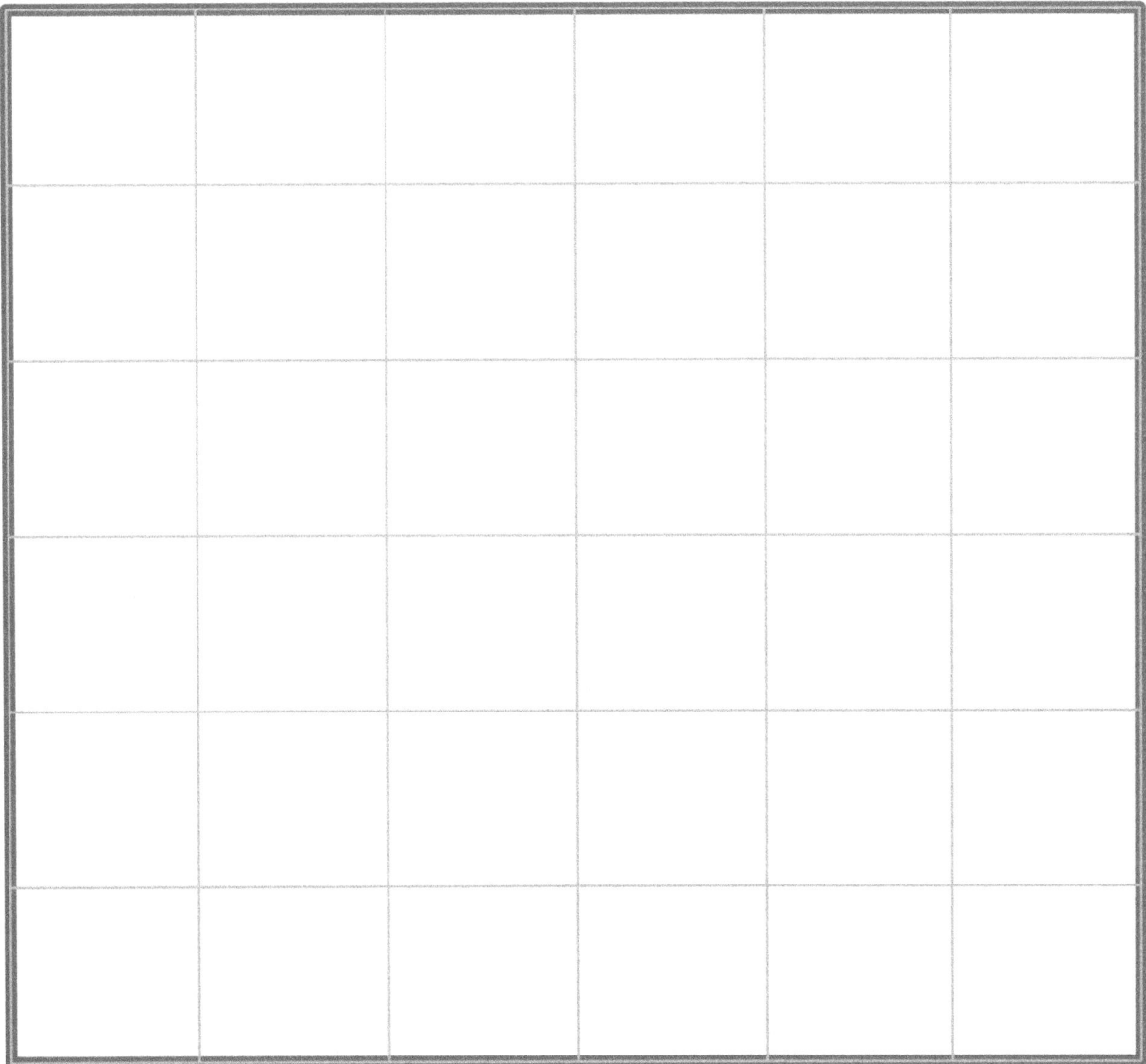

www.ingramcontent.com/pod-product-compliance
Lightning Source LLC
La Vergne TN
LVHW081335060426
835513LV00014B/1302